MINISTÈRE DE L'AGRICULTURE ET DU COMMERCE.

L'AGRICULTURE DES ÉTATS-UNIS.

RAPPORT DE M. EDMOND BREUIL,

CONSUL GÉNÉRAL DE FRANCE À NEW-YORK.

PARIS.

IMPRIMERIE NATIONALE.

M DCCC LXXXI.

RECUEIL DE RAPPORTS

SUR

LES PROGRÈS DES LETTRES ET DES SCIENCES

EN FRANCE.

RAPPORT

SUR

LES PROGRÈS DE L'HYGIÈNE,

PAR

A. BOUCHARDAT,

PROFESSEUR D'HYGIÈNE À LA FACULTÉ DE MÉDECINE DE PARIS.

PUBLICATION FAITE SOUS LES AUSPICES

DU MINISTÈRE DE L'INSTRUCTION PUBLIQUE.

PARIS.

IMPRIMÉ PAR AUTORISATION DE SON EXC. LE GARDE DES SCEAUX

A L'IMPRIMERIE IMPÉRIALE.

M DCCC LXVII.

PARIS.

LIBRAIRIE DE L. HACHETTE ET CIE,

BOULEVARD SAINT-GERMAIN, N° 77.

RECUEIL DE RAPPORTS

SUR

LES PROGRÈS DES LETTRES ET DES SCIENCES

EN FRANCE.

RAPPORT

SUR

LES PROGRÈS DE L'HYGIÈNE

EN FRANCE.

INTRODUCTION.

Avant de chercher à faire avancer une science, il faut connaître son histoire. Il est indispensable d'apprécier les efforts des savants qui vous ont précédé dans la route où vous devez vous engager. Un double avantage a consacré cette manière de faire : le premier, c'est de ne pas employer un temps précieux à effectuer des découvertes déjà accomplies; le second, c'est de s'inspirer des travaux de ses devanciers.

Les deux auteurs qui, dans ce siècle, ont consacré presque exclusivement la maturité de leurs talents à l'étude de l'hygiène se sont, à divers points de vue, très-fortement préoccupés de son histoire.

Hallé, le professeur d'hygiène de la faculté de médecine de Paris, qui, dans le premier quart de ce siècle, a joui d'une réputation si bien méritée, s'est borné pour ainsi dire à tracer l'histoire de cette science, et n'a véritablement abordé que l'introduction à son étude.

H. Royer-Collard a heureusement pressenti les causes principales qui s'opposaient à ses progrès immédiats.

C'est dans l'*Encyclopédie médicale* et dans le grand *Dictionnaire des sciences médicales* qu'il faut chercher les savantes études de Hallé sur l'histoire de l'hygiène[1], et dans le tome X des *Mémoires de l'Académie de médecine* que H. Royer-Collard a consigné le résultat de ses méditations sur l'état de l'hygiène au moment où il a écrit sa dissertation.

Nous ne pouvons, pour ceux qui voudront embrasser complétement l'histoire de l'hygiène, que renvoyer aux articles de Hallé.

Avant d'exposer les progrès effectués depuis vingt ans, il sera bon, pour marquer le point de départ, de reproduire quelques-unes des appréciations de H. Royer-Collard[2].

« Au milieu, dit H. Royer-Collard, de ce progrès général qui s'accomplit dans les différentes branches de la médecine, l'hygiène, plus qu'aucune autre des parties qui la composent, est restée pour ainsi dire stationnaire. Des travaux partiels ont jeté sur quelques points de cette science de vives et nouvelles lumières. Mais si l'on cherche à embrasser dans un seul coup d'œil la science entière, on est frappé de la confusion qui règne dans son ensemble. Des matériaux sans nombre sont accumulés dans un champ sans limites. A bien des reprises on a essayé de les rapprocher les uns des autres, de les distribuer en groupes bien définis : ces tentatives sont demeurées stériles. Partout se fait sentir le défaut d'ordre et de méthode; il manque un corps auquel viennent s'assimiler ces éléments juxtaposés, et une pensée générale qui les anime.

Ce n'est pas tout. Veut-on pénétrer dans le détail des études hygiéniques : on ne tarde pas à s'apercevoir que la plupart des matières n'ont été qu'effleurées. En vain la physique et la chimie

[1] *Encyclopédie méthodique de médecine*, t. VII, p. 373.—*Dictionnaire des sciences médicales*, t. XXII, p. 509-609. Hallé et Nysten.

[2] *Des tempéraments considérés dans leurs rapports avec la santé*, par H. Royer-Collard. (*Mémoires de l'Académie de médecine*, t. X, p. 135.)

sont parvenues à se rendre compte des phénomènes moléculaires qui s'opèrent dans l'intimité des substances inorganiques et vivantes; en vain l'anatomie comparée nous a montré les grandes lois de la vie toujours les mêmes, sous diverses formes; en vain la pathologie elle-même, laissant de côté ses théories vagues et ses impuissantes nosographies, a commencé à s'armer des instruments merveilleux de la science moderne et s'est efforcée de descendre dans une décomposition plus exacte et plus profonde des faits morbides; l'hygiène seule semble encore arrêtée et comme engourdie dans les traditions du passé. Pour elle les sciences physiques et naturelles n'ont point marché, ou, du moins, elle se contente, dans la plupart des cas, de ces notions incertaines que donne une observation superficielle, et elle n'aboutit le plus souvent qu'à des règles banales.

« Qui ne voit qu'il n'y a pas là de science véritable? Qui ne comprend l'urgente nécessité de sortir d'un tel état de choses et de ramener l'hygiène au niveau des autres parties de la médecine? Mais par quel moyen arriver à cette rénovation indispensable? »

C'est ce que nous allons chercher à montrer en éclairant la voie que l'hygiène, comme la médecine elle-même, a suivie dans le cours de ces vingt dernières années.

La direction nouvelle qu'a prise l'hygiène découle de l'extension qui a été donnée à sa définition.

L'hygiène, disait-on, est la partie des sciences médicales qui a pour but d'étudier les moyens de conserver et de perfectionner la santé. Mais comment conserve-t-on la santé? Évidemment en prévenant les causes des maladies. Pour prévenir ces causes, il faut les connaître, de même que, pour éviter un précipice, rien n'est mieux que de le voir et d'en mesurer la profondeur.

Il ne sera pas besoin d'insister longtemps pour établir l'utilité pratique de la connaissance des causes : quelques exemples suffiront pour cela. Quand il a été démontré que la cause de la gale était l'*acarus scabiei*, on a connu ce qu'il convenait de faire pour l'éviter; le traitement de cette maladie est devenu sûr, inoffensif et rapide. La connaissance des mucédinées qui accompagnent ou déterminent les teignes a permis d'éloigner les chances d'invasion de ces cruelles maladies et de rationaliser leur traitement. Quand on a su rapporter à l'intoxication plombique les accidents aussi redoutables que variés qui, de temps en temps, ont apparu après l'usage de vins, de bière, de cidre ou d'eau potable falsifiés par l'addition d'une préparation de plomb, ou altérés par leur séjour dans les réservoirs métalliques, toute incertitude a été écartée pour guérir et prévenir ces affections.

Nous pourrions multiplier ces exemples, mais ces vérités apparaîtront avec plus de netteté dans le cours de cette exposition.

L'étude des causes est la branche la plus élevée, mais aussi la plus difficile de la médecine. Autrefois cette partie de la science consistait en une classification ingrate et banale, que chacun abordait à son corps défendant. Il n'en est déjà plus ainsi. En s'appuyant sur les données expérimentales de la physique, de la chimie et de la physiologie, on commence à s'élever par la synthèse aux questions les plus ardues de l'étiologie. C'est l'avenir de l'hygiène, c'est aussi celui de la médecine. Jadis les systèmes se succédaient en laissant à peine des traces de leur passage. Mieux que personne notre célèbre réformateur a, dans son *Examen des doctrines*[1], montré l'inanité de ces systèmes. Le sien n'a pas été plus heureux. De son vivant il a pu en contempler les ruines et voir naître et se fortifier ce doute général, cet éclectisme poussé jusqu'à l'exagération, qui a pu pour un moment ébranler les esprits les plus fermes. On a reconnu bientôt qu'un système général de médecine était un rêve dont nul ne pouvait poursuivre la réalisation. On n'a pas tardé à reconnaître que les connaissances médicales peuvent se grouper en divers faisceaux, pour constituer des doctrines isolées qui formeront

[1] Broussais, *Examen des doctrines médicales et des systèmes de nosologie*, précédé de propositions renfermant la substance de la médecine physiologique, troisième édition, Paris, 1834, 4 volumes in-8°.

la philosophie de la science, que le temps ne fera que consolider. Ces doctrines médicales ont pour base principale l'étude des causes, qui forme dès aujourd'hui le fondement de l'hygiène et qui, dans l'avenir, sera celui de la médecine.

Tous ceux qui, de notre temps, ont consacré leurs méditations à l'étude des causes des maladies savent de combien de difficultés elle est hérissée; ces difficultés ne sont pas moins considérables lorsqu'on veut aborder scientifiquement la grande question du perfectionnement physique de l'homme.

Il ne faut pas se contenter de sentences s'appliquant à tout et énoncées sans preuves; mais n'aborder que ce qui peut être démontré par l'expérience et par l'observation. Si, au commencement de ce siècle, on s'efforçait de tout comprendre dans l'hygiène, aujourd'hui il faut laisser dans l'ombre une foule de détails, ou oiseux, ou qui ne peuvent se prouver. En entrant dans cette direction, on a pu voir que l'hygiène ne comprend plus un ensemble de connaissances banales, mais qu'elle s'attaque aux problèmes les plus élevés et les plus difficiles de la science, et qu'elle réclame les connaissances les plus précises.

L'hygiène nouvelle, s'appuyant sur l'étiologie, présente ainsi les rapports les plus étroits avec les parties de la pathologie qui depuis vingt ans ont pris un grand essor. On comprendra, d'après cela, comment les développements se rapportant exclusivement à l'hygiène seront plus limités : les bases en sont posées dans les parties consacrées à la pathologie.

Avant la phase nouvelle dans laquelle est entrée l'hygiène, tous les auteurs cherchaient à agrandir son cadre. On s'efforçait de faire un inventaire général des connaissances humaines dans leurs rapports avec l'hygiène. Ce programme était infini, il était formé d'un assemblage de lambeaux empruntés à toutes les sciences et particulièrement à la physique, dont l'enseignement a été longtemps confondu chez nous avec celui de l'hygiène. On reconnaît encore la trace de cette fusion dans les ouvrages modernes.

Éclairés aujourd'hui par les lumières des sciences physiques et naturelles, par les progrès de la physiologie nouvelle, on a pu approfondir quelques-unes des questions les plus importantes. On s'est surtout attaché à scruter celles qui peuvent éclairer d'une lumière vive, inattendue, les causes des maladies les plus communes et les plus curieuses, ou celles qui peuvent nous montrer comment on peut perfectionner la santé, en éloignant aussi loin que possible ces deux ennemis implacables de l'humanité : la vieillesse et la mort. Pour tracer un historique aussi complet que possible des progrès accomplis par l'hygiène dans les vingt années qui viennent de s'écouler, nous parcourrons dans son ensemble le cadre le plus généralement adopté, nous passerons successivement en revue les connaissances nouvelles qui se rapportent au sujet de l'hygiène, aux modificateurs hygiéniques et à l'hygiène générale.

Citons, avant de terminer cette introduction, les principaux ouvrages parus depuis vingt ans où est exposé l'ensemble des faits dont se compose l'hygiène. Mentionnons au premier rang le *Traité* de M. Michel Lévy, aussi remarquable pour la forme que pour le fond[1]. Viennent ensuite le *Cours d'hygiène* de M. Louis Fleury[2], ouvrage dans lequel on trouve un grand nombre d'aperçus originaux; puis le manuel d'hygiène de M. A. Becquerel, que M. E. Beaugrand a enrichi de précieuses indications bibliographiques[3]; et, pour l'hygiène publique, le *Dictionnaire d'hygiène publique* de M. A. Tardieu et celui de M. M. Vernois, sur lesquels nous reviendrons quand nous traiterons de l'hygiène générale.

[1] *Traité d'hygiène publique et privée*, par Michel Lévy, Paris, 3e édit. 1857, 2 vol. in-8°.

[2] Paris, 1856-1861.

[3] *Traité élémentaire d'hygiène privée et publique*, par A. Becquerel, 3e édition, Paris, 1866.

CHAPITRE PREMIER.

SUJET DE L'HYGIÈNE; FORMES ET MESURE DE LA SANTÉ.

La santé ne se définit pas facilement. Quand l'Académie a dit dans son *Dictionnaire :* « La santé est l'état de celui qui est sain, » on n'a pas une notion très-exacte, et, même quand on y ajoute avec elle que « l'homme sain est celui qui n'est point sujet à être malade, » on n'est pas beaucoup plus avancé. Si nous disons : La santé est l'harmonie, sans douleur, de toutes les fonctions de l'économie s'exécutant en une juste mesure, avec des organes normaux, nous n'aurons encore donné qu'une idée très-imparfaite de la santé. Quoi qu'il en soit, la conserver, la consolider, la perfectionner, est le but de l'hygiène.

Il existe autant de degrés, de formes de santé que d'individualités humaines, car il n'en est point qui se ressemblent exactement. Préciser pour chacun le degré et la forme de la santé serait une connaissance de la plus grande importance pour le traitement des maladies, si elle pouvait être sûrement acquise. En effet, est-il parmi les médecins une opinion plus généralement répandue que celle-ci : « On ne peut traiter sûrement une maladie, si l'on ne connaît bien la constitution et le tempérament du malade ? » Cette vérité, car c'en est une, est traduite ainsi par chacun d'entre nous : « J'ai confiance dans mon médecin, parce qu'il connaît mon tempérament. » Mais quand on étudie ce sujet à l'aide des moyens rigoureux dont la science dispose aujourd'hui, on voit combien nos connaissances sont vagues et incertaines sur un sujet d'une telle importance. On a répété, en les rajeunissant, les conceptions de Galien. Tous les auteurs ont adapté ces conceptions aux doctrines régnantes ou à celles qu'ils voulaient faire prévaloir.

Le diagnostic des santés est moins avancé et surtout beaucoup plus difficile que le diagnostic des maladies.

Quels sont les termes consacrés qui expriment les formes et les degrés des différentes santés? Il en est trois principaux, ceux de *constitution, tempérament, idiosyncrasie*. Nous ne nous arrêterons quelques instants qu'à un seul, car il est le pivot de toutes les discussions.

Tout homme, a-t-on dit, est doué d'une constitution propre, distincte du tempérament, et à l'étude de laquelle se rattachent celle de l'hérédité dans la santé et la maladie, et celle de la durée de la vie. La constitution est le fond de la nature individuelle, le tempérament en est la forme plus ou moins durable.

La question des tempéraments paraît à tout esprit superficiel la plus importante qui existe en hygiène, parce qu'elle se trouve toujours plus ou moins mêlée à toutes les autres, et qu'elle sert de point de départ à quelque espèce d'étude qu'on veuille entreprendre sur la santé.

Cependant combien est loin de la certitude la doctrine sur les tempéraments généralement adoptée dans les ouvrages d'hygiène! On y trouve des suppositions au lieu d'observations positives et d'expériences, des analogies qui, par un examen superficiel, paraissent très-ingénieuses, mais qui sont presque toujours dénuées de preuves. On y remarque l'oubli complet ou l'emploi mal fondé des découvertes modernes de la chimie et de la physiologie.

Dans l'étude qu'on fait ordinairement des tempéraments, deux choses sont indiquées : 1° les signes extérieurs qui servent à les distinguer les uns des autres; 2° les causes organiques auxquelles on les rattache et par lesquelles on cherche à les expliquer.

Galien se contentait, pour déterminer le tempérament d'un individu, d'un coup d'œil général, de l'examen extérieur des organes, de l'état du pouls. Tous ces signes ont leur importance; nous y reviendrons. Mais, malgré les efforts des modernes pour compléter l'œuvre de Galien, de quelque côté qu'on l'envisage, cette question de la détermination des tempéraments ou des mesures de santé est hérissée de difficultés : aussi la science moderne a-t-elle jugé préférable de laisser de côté ces problèmes inabordables et de se contenter des notions plus restreintes, mais exactes et comparables, qu'on a obtenues à l'aide des méthodes rigoureuses dont on dispose aujourd'hui.

Si l'on ne peut mesurer directement l'énergie du mouvement vital, on peut au moins en avoir une notion très-précise en pesant les grands résidus des actions organiques produits dans un temps donné.

Toutes choses égales pour l'âge, le sexe, le poids vif, le travail corporel, l'alimentation, on sait ce que doit être la quantité de ces résidus principaux dans les conditions de la santé.

Des travaux aussi remarquables par la netteté que par la grandeur des résultats obtenus ont été exécutés sur les phénomènes chimiques de la respiration[1]. On sait les quantités d'acide carbonique[2], d'urée[3] que, dans un temps donné, un homme peut éliminer. Ces belles découvertes ont ouvert à l'hygiène une voie nouvelle; elles permettront de prévoir et de prévenir un grand nombre d'imminences morbides.

Les nombreuses recherches exécutées pour mesurer la capacité pulmonaire[4] d'une manière rigoureuse, pour suivre, à l'aide de

[1] Regnault, V. et J. Reiset, *Recherches chimiques sur la respiration des animaux des diverses classes.* (*Annales de chimie et de physique,* 3e série, t. XXVI, p. 399.)

[2] Scharling, *Recherches sur la quantité d'acide carbonique expiré par l'homme dans les vingt-quatre heures.* (*Annales de chimie et de physique,* 3e série, t. XIII, p. 478.) — Andral et Gavarret, *Recherches sur la quantité d'acide carbonique exhalé par le poumon dans l'espèce humaine.* (*Annales de chimie et de physique,* 3e série, t. VIII, p. 129.)

[3] *Mémoire sur l'urine,* par M. Lecanu. (*Mémoires de l'Académie de médecine,* t. VIII, p. 676.) — Becquerel et Rodier, *Chimie pathologique,* article *Urine.* — *Instruction pour l'uromètre de M. Bouchardat.* (Supplément à l'*Annuaire de thérapeutique* de 1861.)

[4] Hutchinson, *On the capacity of the lungs and on the respiratory functions,* etc. (*Medico-chirurg. Transact.* t. XXIX, p. 137.) — Schnepf, *Détermination de la grandeur des organes thoraciques.* (*Moniteur des hôpitaux,* t. III.)

traces graphiques, les moindres variations du pouls[1], toutes ces innovations ont déjà permis de substituer, dans l'étude du sujet de l'hygiène, des faits précis à des appréciations à vue d'œil, variables suivant les observateurs.

La théorie de l'alimentation s'est pour ainsi dire constituée depuis vingt ans, comme nous le verrons en abordant l'histoire de cette partie de l'hygiène. Ces progrès nous permettent de préciser la quantité d'aliments réellement utilisés par un individu, et nous pouvons ainsi apprécier numériquement l'énergie d'une des plus importantes des fonctions. Des résultats plus exacts ont été obtenus pour mesurer la force déployée dans un temps donné.

Les observations si multipliées recueillies depuis vingt ans sur les effets des procédés divers mis en usage par l'hydrothérapie[2] nous ont permis d'apprécier avec plus de sûreté et de rigueur pour chaque individu le degré d'énergie avec lequel il peut réagir contre un refroidissement. Cette donnée hygiénique a la plus grande valeur pour prévoir et prévenir une foule de maladies.

Les travaux sérieux sur les races, sur la consanguinité, sur l'hérédité[3], ont ouvert un champ aussi nouveau que fécond aux études sur le sujet de l'hygiène. On sait aussi infiniment mieux, par l'examen attentif des antécédents morbides, de quel côté on est le plus

[1] Marey, *Physiologie médicale de la circulation du sang, basée sur l'étude graphique des mouvements du cœur,* Paris, in-8°, 1863. — *Du mouvement dans les fonctions de la vie,* in-8°, 1867.

[2] Louis Fleury, *Traité pratique et raisonné de l'hydrothérapie,* Paris, 3e édit. 1867. — *Manuel de matière médicale,* par Bouchardat, art. *Hydrothérapie,* 4e édit. t. I, p. 549-554.

[3] Lucas, *Traité philosophique et physiologique de l'hérédité,* Paris, 1850, 2 vol. in-8°. — Menière, *Recherches sur l'origine de la surdi-mutité.* — Devay, *Dangers des mariages consanguins,* 2e édit. 1862. — Beaugrand, *Mariages consanguins, examen des travaux récents.* (*Annales d'hygiène,* t. XVIII, p. 222.) — Boudin, *Danger des unions consanguines.* (*Annales d'hygiène,* t. XVIII, p. 5, juillet 1862 et nos suivants.) — Sur le même sujet, plusieurs thèses soutenues à Paris et à Montpellier. — Mitchell, *Influence de la consanguinité,* traduit par M. Fonssagrives. (*Annales d'hygiène,* 1865.) — A. Voisin, *Mariages consanguins.* (*Annales d'hygiène,* avril 1865.)

menacé. Par rapport à la consanguinité, on sait aujourd'hui que les races pures de toute tare peuvent s'allier sans inconvénients; mais que, dans certaines conditions d'imminence morbide, les mariages consanguins, ou, plus exactement, les mariages entre individus qui penchent sur une même pente fatale, doivent être soigneusement évités.

Le goître endémique présente, à ce point de vue, une particularité du plus grand intérêt. Les enfants issus de ces mariages sont très-souvent affectés de surdi-mutité ou de crétinisme. (Voyez plus loin, p. 47, l'article *Eau potable.*)

L'étude des races[1] sous le point de vue des immunités morbides a donné l'occasion de faire des remarques du plus grand intérêt; mais le fait le plus instructif à cet égard est l'exemple de l'immunité relative pour la fièvre jaune du bataillon noir égyptien, qui, en tenant garnison dans les Terres Chaudes, a prêté un si précieux concours à notre armée du Mexique.

On connaît rigoureusement aujourd'hui les maladies qui doivent atteindre les rhumatisants[2], les goutteux[3], les glycosuriques[4]. Sachant l'origine et la filiation de ces maux, on est beaucoup mieux en mesure de les prévenir.

La science ainsi comprise est longue et difficile; avant qu'elle soit fondée, il faudra bien des efforts, et, quand bien même elle le serait, on ne saurait, pour se faire une bonne notion sur le tempérament, l'idiosyncrasie, la constitution, renoncer à ce coup d'œil d'ensemble qui suffisait à nos maîtres.

[1] Michel Lévy, *Sur la vitalité de la race juive en Europe,* d'après le mémoire de M. Legoyt. (*Annales d'hygiène,* avril 1866.) — Glatter, *Influence de la race sur le développement des maladies et la durée de la vie.* (*Annales d'hygiène,* janvier 1865.)

[2] Bouillaud, *Traité clinique des maladies du cœur,* 2e édit. Paris, 2 vol. in-8°.

[3] *Traité de la goutte,* par M. Baring Garrod; traduit par M. E. Olivier, avec des notes de M. Charcot; Paris, 1 vol. in-8°, 1867. — *De la goutte,* thèse de M. Galtier-Boissière. — *De la gravelle et de la goutte,* par M. Bouchardat. (*Annuaire de thérapeutique* de 1867.)

[4] *Du diabète sucré ou glycosurie, son traitement hygiénique,* par M. Bouchardat. (*Mém. de l'Académie de médecine,* t. XVI.)

Ce coup d'œil qui devance, devine pour ainsi dire les vérités, est le propre du médecin de génie; pour bien connaître le sujet de l'hygiène, il sera toujours son premier guide; mais ce premier jugement ne prendra de la certitude que lorsqu'il aura été consacré par le contrôle des méthodes nouvelles.

CHAPITRE II.

MODIFICATEURS HYGIÉNIQUES.

Les modificateurs hygiéniques peuvent être rangés sous six titres principaux : 1° chaleur, électricité, lumière; 2° terre et atmosphère; 3° alimentation; 4° exercice; 5° excrétions; 6° affections de l'âme, sensations, facultés intellectuelles (rapport du physique au moral et réciproquement).

§ 1er. CHALEUR, ÉLECTRICITÉ, LUMIÈRE.

Les études nouvelles ont puissamment contribué à fortifier les rapports qui existaient entre la chaleur, l'électricité et la lumière. Dans tout ce qui tient à l'hygiène, les applications de ces études ont trait surtout à la chaleur et à la lumière, mais elle a aussi profité des beaux et nombreux travaux sur l'électricité[1].

DE LA CHALEUR DANS SES RAPPORTS AVEC L'HYGIÈNE.

Les études qui se rapportent directement ou indirectement à la chaleur sont les plus importantes de l'hygiène. Cette importance se comprendra sans peine, si on considère la nécessité de la constance de la chaleur du corps de l'homme, et l'action si puissante de ce merveilleux agent sur tous les modificateurs.

Un des progrès les plus considérables qui se soient effectués en

[1] Becquerel, *Traité d'électricité et de magnétisme*, 3 vol. in-8°, Paris, 1855. — Gavarret, *Traité de l'électricité*, Paris, 1858, 2 vol. in-18. — Commission de l'Académie des sciences, M. Pouillet, rapporteur, *Instruction sur les paratonnerres.* (*Comptes rendus de l'Académie des sciences*, 1867.)

hygiène a consisté à ne plus considérer isolément la chaleur extérieure et celle qui est produite dans le corps de l'homme par les matériaux de calorification.

Il est aujourd'hui surabondamment démontré que la pathogénie des pays chauds est dominée par les effluves des marais, qui, toutes choses égales, sont d'autant plus à redouter que la température du lieu est plus élevée; et par l'excès de chaleur extérieure coïncidant avec un excès de matériaux de calorification.

Et, par contre, on sait que l'insuffisance de moyens de résistance au froid extérieur ou le mauvais emploi de ces moyens sont la grande cause de mort prématurée dans les pays froids ou tempérés. La chaleur convenablement employée aux besoins de l'homme est la représentation la plus nette de la force, de la richesse, et l'adjuvant principal de la vie. Les recherches, remarquables par leur précision sur la chaleur animale, ses sources, sur la transformation de la chaleur en force, en lumière, en électricité[1], ont ouvert à l'hygiène une voie aussi neuve que féconde.

Pour bien comprendre les modifications exercées par la chaleur extérieure sur l'homme, il est indispensable de connaître les causes de la chaleur animale. Les recherches modernes, en les éclairant, nous ont montré qu'elles comprennent un ensemble de phénomènes très-complexes. Ce fut Lavoisier qui ouvrit la voie; quand il eut établi la théorie générale de la combustion et qu'il l'eut appliquée aux principaux cas des combinaisons organiques, il aborda l'étude

[1] Augustin Fresnel, *De la lumière*, addition à la traduction de la *Chimie* de Thompson, t. I, p. 40. — Mayer, *Die organischen Bewegungen in ihrem Verhalten zum Stoffwechsel.* — Colding, *Philosophical Magazine.* — J. Liebig, *Quatrième lettre sur la chimie.* — J. Béclard, *De la contraction musculaire dans ses rapports avec la température animale* (*transformation de la chaleur en force*) (*Archives générales de médecine*, n^{os} de janvier, février et mars 1861), mémoire présenté à l'Académie des sciences le 5 mars 1860; les expériences ont été faites pendant les étés des années 1858, 1859. — Les travaux de M. Ch. Hern sur le même sujet sont de 1862 et 1863 : ce sont les conclusions du mémoire de M. J. Béclard généralisées. — Athanase Dupré, *Théorie mécanique de la chaleur.* (*Annales de chimie et de physique*, 1864-1865.) — Verdet, *Conférence à la Société chimique.*

de la chaleur animale. Ce fut l'objet de ses constantes préoccupations. W. Edwards, avec une rare sagacité, élargit les bases posées par Lavoisier; mais c'est aux belles expériences de Regnault et Reiset[1] qu'il faut recourir pour se faire une idée féconde de ces grands phénomènes. En les méditant, on s'aperçoit qu'une des propriétés les plus admirables de l'organisme animal, c'est l'aptitude qu'on lui voit à modifier, dans des limites très-étendues, le jeu de ses rouages, sans qu'ils cessent de marcher ensemble et de concourir efficacement à l'effet commun qu'ils sont chargés de produire. On voit que l'homme peut entretenir sa même température, quel que soit le milieu ambiant, quelle que soit son alimentation. Dans les cas de diète prolongée, ce sont les matériaux du corps qui pourvoient à ce besoin; un herbivore représente alors un carnivore, sous le double rapport de sa respiration et de ses excrétions.

Les réserves et les ressources pour atteindre constamment le but sont considérables, mais l'observation hygiénique nous apprend qu'il n'en faut point abuser : à la longue, l'épuisement succède à la privation, avec tout le cortége des maladies qui l'accompagnent. Les excès ne sont pas moins à redouter. Dans certaines conditions de la vie, la dépense peut être considérablement diminuée, pourvu qu'il n'y ait pas de brusques oscillations, qui sont aussi funestes à l'organisme qu'à nos machines les plus perfectionnées.

Les découvertes modernes de la physique et de la physiologie sur la chaleur en général, et sur la chaleur animale en particulier, permettent à l'hygiène d'aborder ces problèmes, qui ne pouvaient être compris avant cela.

Les travaux qui ont été exécutés depuis vingt-cinq ans par nos médecins militaires en Algérie[2], par les médecins de la flotte[3], ont

[1] Regnault et Reiset, *Annal. de chimie et de physique*, 3e série, *loc. cit.* — *De la chaleur produite par les êtres organisés*, par J. Gavarret, 1 vol. in-18, 1855. — Boussingault, *Annales de chimie et de physique*, 3e série, t. XI, p. 433.

[2] *Recueil de Mémoires de médecine et de chirurgie militaires.* — Ces Mémoires sont cités dans l'*Hygiène de l'armée de terre*, par M. Michel Lévy.

[3] Les *Mémoires des médecins de la flotte* sont imprimés pour la plupart dans les

fait mieux apprécier les causes de l'hépatite et des autres maladies des pays chauds. Ces causes étant rigoureusement connues, l'hygiène devient facile à régler convenablement.

Une des plus redoutables endémies des contrées septentrionales, le scorbut, a chaque année perdu du terrain. La direction hygiénique des personnes qui habitent ou fréquentent ces contrées, s'appuyant sur une appréciation plus rigoureuse des causes qui produisent la maladie, est devenue plus rationnelle et plus facile[1].

Les grands médecins de tous les temps avaient reconnu l'influence décisive des refroidissements pour produire les maladies. Sydenham avait dit : « Si un médecin veut se donner la peine d'interroger en détail un malade atteint d'une affection aiguë sur la cause qui a déterminé le mal, il trouvera presque toujours qu'elle est venue de ce que le malade a quitté trop tôt des habits qu'il portait depuis longtemps, ou de ce qu'il a éprouvé un refroidissement subit, étant en sueur. » Ces remarques ont reçu une éclatante confirmation par les recherches des médecins de notre temps[2].

Les observations nombreuses des médecins qui se sont spécialement occupés d'hydrothérapie ont fourni à l'hygiène de précieuses lumières sur les bienfaits d'une prompte réaction après un refroidissement et sur les moyens de produire cette réaction.

On connaît aussi infiniment mieux et l'on caractérise pour ainsi dire par une augmentation de fibrine dans le sang[3] les affections si diverses en apparence, mais si pareilles en réalité, qui sont déterminées par un refroidissement non suivi de réaction.

Archives de médecine navale; ils sont cités dans l'*Hygiène navale,* par M. Leroy de Méricourt. — *Nouvelle Hygiène pratique des pays chauds,* par M. E. Celle, 1848, in-8°.

[1] *Thèses et cours d'hygiène de la faculté de médecine de Paris.*

[2] Grisolle, *Traité de la pneumonie,* 2e édition, p. 148. — Macario, *Étiologie de la pneumonie chez les paysans.* (*Moniteur des hôpitaux,* t. I, n° 20.)

[3] Andral et Gavarret, *Recherches sur la composition du sang.* (*Ann. de chimie et de physique,* 3e série, t. V, p. 304.)

Les belles études de M. Chaussat[1] sur l'inanition, qui ont été continuées par plusieurs observateurs, nous ont permis de comprendre les différences individuelles présentées par des personnes soumises aux mêmes causes de refroidissement non suivi de réaction. On peut, presque à coup sûr, désigner aujourd'hui ceux qui en ressentiront les funestes atteintes. Le danger étant prévu, la prophylaxie hygiénique est fondée sur des bases rationnelles.

Voici l'indication sommaire des individus qui auront plus à redouter l'influence d'un refroidissement non suivi de réaction : en première ligne, les nouveau-nés le premier jour de leur vie *extra-utérine;* le danger est plus pressant pour ceux qui sont nés avant terme. Viennent ensuite les inanitiés, les vieillards caducs et mal nourris, les malades et les amputés qui ont été soumis à une diète trop longue, les phthisiques, les glycosuriques, les albuminuriques, et, pour désigner par une appellation commune tous ceux qui sont sous l'imminence du danger qui suit un refroidissement non suivi de réaction, nous dirons : sont menacées toutes les personnes qui, pour une cause ou pour une autre, présentent cet état qui a été désigné sous les noms de *misère physiologique* ou d'*appauvrissement général de l'économie*[2].

Ces études, qui ne sont encore qu'à leur début, mais qui chaque année se continuent et se complètent, seront profitables à une foule d'individus qui étaient d'autant plus sérieusement menacés qu'ils ne connaissaient pas le danger qui les poursuivait incessamment.

Voici l'énoncé d'une nouvelle loi étiologique dont l'importance n'est pas moins grande : la continuité dans l'insuffisance ou la con-

[1] *Mémoire sur l'inanition,* par M. Chaussat. (*Mémoires de l'Académie des sciences, savants étrangers,* t. VIII, p. 438.) — Vierordt, *Dictionnaire de physiologie,* par R. Wagner, t. II, p. 883.

[2] Bouchardat, *De l'alimentation insuffisante,* Paris, 1852, in-8°. — Bouchardat, *De la misère,* Paris, 1865-1867. — Husson, *Population indigente de Paris d'après le recensement de 1863.* (*Mémoires de l'Académie des sciences morales et politiques.*)

tinuité dans l'irrégularité des moyens de résistance au froid extérieur conduit, suivant les âges, à l'affection scrofuleuse ou à la tuberculisation pulmonaire[1]. La démonstration de ces principes nous a éclairés sur l'efficacité des moyens qu'il fallait adopter pour écarter ces fléaux, qui pèsent si cruellement sur l'humanité.

LUMIÈRE.

Les découvertes en physique se rapportant à la lumière se sont succédé avec rapidité. L'hygiène en a souvent profité.

Toutes les observations sur l'action chimique de la lumière entreprises pour éclairer les théories et perfectionner les pratiques de la photographie ont appris aux physiologistes qu'il fallait compter sur l'action de ce modificateur, agissant puissamment non-seulement sur les plantes, mais aussi sur un grand nombre d'animaux et sur l'homme lui-même[2].

L'emploi des lumières artificielles les plus variées a mis l'organe de la vue à de nombreuses épreuves. C'est à cette variabilité des lumières qu'il convient d'attribuer en partie ces affections des yeux qui semblent plus fréquentes aujourd'hui qu'il y a quelques années.

Les applications de la lumière électrique nous ont montré la puissante action exercée par cette merveilleuse source de lumière sur l'organe de la vue[3].

Une connaissance plus parfaite de l'action de la lumière sur les

[1] *De l'étiologie et de la prophylaxie de la tuberculisation pulmonaire*, par M. Bouchardat. (Supplément à l'*Annuaire de thérapeutique* pour 1861, p. 1.) — Bertillon, *Sur la mortalité par la phthisie; étude statistique critique.* (*Annales d'hygiène*, juillet 1862.)

[2] Boudin, *Traité de géographie*, etc. t. II, liv. X, ch. IV. — Jules Béclard, *Note relative à l'influence de la lumière sur les animaux.* (*Comptes rendus de l'Académie des sciences*, 1er mars 1858.) — R. Radau, *Importance climatologique de la lumière.* (*Moniteur scientifique*, 1867.)

[3] L. Foucault, *Effets de la lumière électrique.* (*Bulletin de la Société philomathique*, 1856.) — Charcot, *Erythème produit par l'action de la lumière électrique.* (*Comptes rendus de la Société de biologie*, 1859, t. V, p. 63.)

divers milieux de l'œil nous a permis de comprendre l'influence nuisible de certaines lumières, et, en particulier, de la lumière du soleil et de la lumière électrique.

La fluorescence variable de ces milieux nous donne une explication des plus satisfaisantes et du rôle des divers *tutamina* de l'œil, et des causes d'un grand nombre d'ophthalmies. Les sourcils, les paupières, les variations de diamètre de la pupille : voilà les moyens de protection de l'organe de la vue anciennement connus. Mais ces moyens sont inefficaces contre la radiation extrême. Les recherches modernes nous ont appris que la cornée et le cristallin, qui par leurs courbures sont d'admirables lentilles, par leur fluorescence constituent de véritables écrans infranchissables aux rayons chimiques. Quand arrive une quantité excessive de ces rayons ultra-violets, c'est alors qu'apparaissent les conditions de développement des ophthalmies aiguës[1].

On connaît maintenant des moyens efficaces de se garantir de l'action nuisible de ces rayons extra-violets; l'emploi du verre d'urane, des solutions fluorescentes d'esculine, de quassine, de quinine, pourra enlever les plus graves inconvénients de l'éclairage par la lumière électrique, et fournir des moyens efficaces de protection pour les opérés de la cataracte ou pour les malades atteints d'ophthalmies d'une grande acuïté.

§ 2. TERRE ET ATMOSPHÈRE.

Les études hygiéniques qui se rapportent à la terre et à l'atmosphère comprennent assez exactement l'histoire des modificateurs sur lesquels Hippocrate nous a laissé de si beaux préceptes dans son *Traité des airs, des eaux et des lieux*. L'étude des viciations de l'atmosphère constitue aujourd'hui une des grandes parties de l'hygiène. Les connaissances médicales qui se rapportent à la cons-

[1] *Études sur quelques propriétés physiques, et en particulier sur la fluorescence des milieux de l'œil*, J. Regnault. (*Répertoire de pharmacie*, mars 1860.)

titution du sol sont peu étendues. La géologie hygiénique est pour ainsi dire à créer. Les questions des climats et de l'acclimatement embrassent des problèmes si complexes, qu'elles ne peuvent être traitées que dans l'hygiène générale.

GÉOLOGIE HYGIÉNIQUE.

L'influence de la constitution du sol sur la santé des hommes qui l'habitent a été pressentie par les grands observateurs de tous les temps. Hippocrate avait dit : « Tout ce que la terre produit est semblable à la terre elle-même. » Il y a sans doute beaucoup d'exagération dans cette appréciation générale; mais elle comprend d'incontestables vérités. Des observations récentes, sur lesquelles nous reviendrons bientôt, ont démontré l'existence constante de certaines endémies sur des terrains déterminés, et le rôle hygiénique des principales couches qui constituent le globe terrestre est aujourd'hui plus rigoureusement apprécié.

Commençons par aborder une question générale, celle de l'imperméabilité des terrains près de la surface du sol. Il est bien établi maintenant qu'il y a là une grande cause d'insalubrité, dépendant : 1° de la réfrigération, suite d'humidité constante; 2° de la décomposition des matières organiques animales et de la transformation de sulfates en sulfures; 3° de l'infection par suite de la décomposition des végétaux : d'où les fièvres intermittentes.

Ces terrains imperméables sont très-répandus en France et dans notre Algérie, où leur influence pathogénique est si considérable. Ce qui, pour la question qui nous occupe, caractérise surtout notre époque, ce sont les travaux d'assainissement, aussi importants qu'heureux, exécutés dans ces contrées jadis condamnées aux fléaux des maladies intermittentes[1].

L'état de la surface et en particulier l'influence du déboisement

[1] *Travaux de culture et d'assainissement exécutés dans la plaine de la Mitidja, en Sologne, en Bresse, en Brenne*, etc. (Rapports aux conseils généraux de ces dépar-

sur l'hygiène d'une contrée ont été l'occasion, depuis quelques années, d'un grand nombre de travaux, qui ont éclairé cette question importante d'hygiène publique[1]. On a également publié plusieurs documents précieux sur l'atmosphère maritime[2].

Nous allons présenter quelques considérations nouvelles sur les principaux groupes de terrains, étudiés au point de vue de l'hygiène.

Terrain granitique. — Sans engrais, la végétation des céréales sur ce terrain est faible; l'industrie et le travail y sont plus nécessaires qu'ailleurs pour éloigner la misère et les maux qui marchent à sa suite. Les eaux y sont, en général, pures et salubres, les sources nombreuses et peu abondantes. La taille y est peu élevée, le sang y est beau. Les maladies contagieuses y font de plus rares apparitions que sur les autres terrains; ils présentent par rapport au choléra une immunité relative remarquable. On y observe des maladies intermittentes, mais les espaces attaqués sont limités, et les affections le plus souvent sont légères[3].

Les maladies les plus communes sont : les pneumonies, les bronchites, les rhumatismes et les affections qui marchent à leur suite.

Sur les *terrains calcaires* des groupes jurassiques et tertiaires

tements.) — Becquerel, *Études sur la Sologne et Rapports présentés au conseil général du Loiret,* Paris, 1849-1853, in-8°. — Chevreul, *Du sol des villes.* (*Mém. Soc. d'agricult.* 1852.)

[1] Boussingault, *Mémoire sur l'influence des défrichements dans la diminution des cours d'eau.* (*Économie rurale,* t. II, p. 701.) — Becquerel père, *Des climats et de l'influence qu'exercent les sols boisés et non boisés,* Paris, 1853, in-8°.

[2] Carrière, *Recherches expérimentales sur l'atmosphère maritime.* (*Union médicale,* 1858.) — Rochard, *De l'influence de la navigation sur la marche de la phthisie pulmonaire.* (*Mémoires de l'Acad. de méd.* t. XX.) — Garnier, *De l'influence de l'air marin sur la phthisie.* (*Rapport* sur ce Mémoire, par M. Blache, *Bulletin de l'Académie de médecine,* 1861.)

[3] A. Fourcault, *Conditions géologiques et hydrographiques qui favorisent le développement et la marche du choléra asiatique.* (*Gaz. méd.* 1849.) — *Documents statistiques sur l'épidémie de choléra de 1854,* in-fol. Imp. impér. 1852. — Six départements du centre de la France se touchant sans intervalle, Creuse, Haute-Vienne, Corrèze, Cantal, Lot et Lozère, et enfin un septième, séparé des autres par Tarn-et-Garonne, ont été jusqu'à présent préservés du choléra. — Gagniard, *Thèse de Paris.*

formés par les eaux douces, l'abondance règne quand les cultures sont bien dirigées; l'aisance est plus générale, la taille élevée; les maladies de refroidissement, toutes choses égales, sont moins fréquentes; à moins d'exceptions locales, les fièvres intermittentes y sont inconnues; les maladies contagieuses, fièvre typhoïde, choléra, etc. y apparaissent de temps à autre épidémiquement.

Les *terrains crétacés* et les sables qui se rencontrent en couches épaisses dans les terrains secondaires et tertiaires, à moins d'engrais abondants, constituent des sols peu fertiles; la misère y règne avec les maladies qui l'accompagnent, mais ce sont des terrains perméables, sains, qui ne sont point exposés au ravage des fièvres intermittentes. L'emplacement du camp de Châlons a donc été très-heureusement choisi au point de vue de l'hygiène; les soldats foulent un sol qui ne leur est pas nuisible, et le pays s'enrichit par les engrais que fournit un vaste campement d'hommes et de chevaux. Avec du temps et un judicieux emploi de ces ressources nouvelles, la contrée doit être transformée[1].

Terminons ce très-rapide exposé des progrès de la géologie hygiénique, en insistant sur deux exemples de terrains, le *calcaire dolomitique* et le *terrain sub-apennin*, sur lesquels règnent des endémies ou surviennent des épidémies. Les recherches exécutées dans ces dernières années ont beaucoup contribué à éclairer les causes de ces redoutables affections.

Le *calcaire dolomitique* se rencontre en couches limitées appartenant à la deuxième ou à la troisième formation; les substances minérales qui le caractérisent sont : la dolomie, le gypse, le sel marin et les argiles. Les endémies qu'on observe sur ce terrain sont le goître endémique, qui, dans les vallées encaissées, est accompagné du crétinisme[2].

[1] H. Larrey, *Rapport sur l'état hygiénique du camp de Châlons.*

[2] J. Grange, trois *Mémoires sur l'étiologie du goître et du crétinisme.* (*Archives des missions scientifiques*, t. I, p. 657; 1860.) — Élie de Beaumont, *Rapport sur les Mémoires de M. Grange.* (*Comptes rendus de l'Académie des sciences*, 1862.)

Le *terrain sub-apennin* est le dernier groupe de la formation tertiaire; il est constitué par des dépôts lacustres formés par les mers géologiques les plus nouvelles.

On y observe, et c'est ce qui le caractérise, un mélange en proportions à peu près égales de coquilles appartenant aux mers géologiques et aux mers actuelles.

Quand, sur ce terrain, la terre végétale repose sur l'argile à une profondeur de 10 à 50 centimètres, on observe dans ces localités des maladies paludéennes, sans qu'il y existe de marais[1].

Nous ne pouvons terminer cette esquisse des progrès de la géologie hygiénique sans mentionner l'ouvrage de M. Boudin, si riche en documents précieux, intitulé : *Traité de géographie, de statistique médicales et des maladies endémiques*[2]. La publication de cet ouvrage a été précédée par celle de plusieurs mémoires du même auteur.

DE L'ATMOSPHÈRE.

L'étude de l'atmosphère est une des plus considérables que l'hygiène embrasse. C'est avec l'air qu'on inhale les effluves des marais et les miasmes qui donnent naissance à un grand nombre de maladies contagieuses.

Outre les principes ordinaires que le chimiste étudie dans l'atmosphère, l'hygiéniste doit tenir compte des substances inorganiques provenant de la terre, des mers, des volcans, des êtres organisés et de l'industrie humaine. Il doit apprécier l'influence des germes animés : sporules de mucédinées, ovules d'infusoires microscopiques, causes et effets des fermentations des matières animales et végétales, et enfin de ces substances organiques qui se produisent dans les conditions de maladie et qui sont désignées sous le nom de *miasmes spécifiques*.

[1] Paul Savi, *Considérations sur l'insalubrité de l'air dans les maremmes.* (*Annal. de chim. et de phys.* 3e série, t. III, p. 344.)

[2] Paris, 1857, 2 vol. in-8°.

C'est seulement depuis quelques années que la science est entrée dans cette voie qui promet pour l'avenir les plus féconds résultats[1].

Les questions qui se rapportent à l'air au point de vue de l'hygiène sont aussi nombreuses qu'importantes. On étudie d'abord les propriétés physiques de l'atmosphère, tout ce qui tient à la pression et aux mouvements. L'hygiéniste a ensuite à se préoccuper des modifications de propriété et des proportions des principes normaux, de l'action de chacun de ces gaz, puis il aborde l'étude des principes accidentels chimiquement définis, puis celle des principes non chimiquement définis, appréciables seulement par leurs effets pathogéniques.

On rattache encore directement aux altérations de l'air tout ce qui est compris sous la désignation collective d'*encombrement*. Il importe, comme cela a été démontré par les études nouvelles sur l'hygiène des hôpitaux, de distinguer avec le plus grand soin l'encombrement d'hommes ou d'animaux sains de l'encombrement des hommes ou des animaux malades.

Des applications de ces principes se rencontrent dans l'hygiène générale, lorsqu'on traite des habitations privées, des manufactures, des mines, des hôpitaux, des salles de spectacle.

Pression. — De nombreuses observations ont été recueillies depuis vingt ans, se rapportant directement ou indirectement à l'influence de la pression atmosphérique sur la santé de l'homme. Reconnaissons cependant que, dans les faits observés, l'action est complexe : outre celle de la pression, celle de la raréfaction ou de la condensation du gaz oxygène, celle de la température, etc. y interviennent.

Les descriptions du *mal de montagne* sont beaucoup plus exactes depuis qu'on a pu comparer les faits observés dans nos Alpes avec

[1] *Des poisons, des effluves, des virus, des miasmes spécifiques dans leurs rapports avec les ferments,* par M. Bouchardat. (*Annuaire de thérapeutique,* 1866, p. 299.)

ceux que des savants et des médecins instruits ont recueillis sur les Andes américaines ou sur les montagnes élevées du Mexique[1].

La pathologie des climats de montagne est aujourd'hui mieux connue dans ses causes et dans ses effets. Distinguons d'abord les maladies spéciales, les maladies communes et celles qu'on observe plus rarement que dans les plaines.

Mentionnons au premier rang cette fièvre inflammatoire spéciale, désignée sous les noms de *marco* ou *mal de Puna*, qui atteint les nouveaux venus au Pérou et dans la Bolivie; les hémorragies générales dans la Veruga, les méningites foudroyantes de la haute Bolivie, et, dans la pathologie alpine, cette pleuropneumonie hémotique désignée sous le nom de *asthma montanum*. Voilà des affections que des travaux modernes ont beaucoup mieux caractérisées dans leurs causes et dans leurs effets[2]. Ces recherches nous ont également appris que les maladies de cœur, l'emphysème pulmonaire, l'asthme, les inflammations, les bronchites, les pleurésies, les pneumonies, s'observaient communément dans les pays de montagnes; que les affections rhumatismales étaient surtout fréquentes à la base de ces montagnes. Par contre, les maladies plus rares, toutes choses égales, que dans les plaines sont : les fièvres paludéennes, la fièvre jaune, le choléra, la peste, les fièvres bilieuses, l'hépatite, la dyssenterie. L'influence de l'élévation est au contraire peu sensible pour la fièvre typhoïde et les fièvres éruptives.

[1] Lepileur, *Mémoire sur les phénomènes physiologiques que l'on observe en s'élevant à une certaine hauteur dans les Alpes.* (*Revue médic.* 1845.) — Barral et Bixio, *Journal d'un voyage aérostatique fait le 27 juillet 1850.* (*Comptes rendus de l'Académie des sciences*, t. XXXI.)

[2] Guilbert, *Sarroche ou mal de la montagne; de la phthisie dans ses rapports avec l'altitude et avec les races au Pérou et en Bolivie* (*Thèses de Paris*, 1862, n° 162); excellent travail. — Jourdannet, *Les altitudes de l'Amérique tropicale comparées au niveau des mers, au point de vue de la constitution médicale*, Paris, 1861, in-8°. — *L'air raréfié dans ses rapports avec l'homme sain et l'homme malade*, Paris, 1862, in-8°. — *Note sur l'anémie dans ses rapports avec l'altitude.* (*Acad. méd.* 16 mars 1862.) — Lombard, *Le climat de montagne au point de vue médical*, Genève, 1858, in-8°.

L'utilité ou les contre-indications des voyages dans les pays de montagnes s'appuient aujourd'hui sur des observations d'une grande valeur[1]. Voici l'énumération des maladies qui sont le plus souvent améliorées par cette thérapeutique hygiénique:

En première ligne, les cas de nutrition alanguie par une vie trop sédentaire, les gastralgies, les diarrhées persistantes, la chlorose, les convalescences en général et surtout celles des fièvres intermittentes, l'épuisement nerveux par suite de travaux intellectuels excessifs, l'hypocondrie, etc.; les maladies des pays chauds, et, en première ligne, l'hépatite et la dyssenterie. Voilà pourquoi le séjour de la Preste, la station thermale la plus élevée de nos Pyrénées, est si utile à nos marins éprouvés par les voyages dans les contrées chaudes[2].

Les voyages dans les pays de montagnes sont à redouter pour les emphysémateux, pour les maladies du cœur, pour les individus prédisposés aux hémorragies. Pour la phthisie, nous pouvons citer deux exemples opposés : dans notre Europe, le séjour au Saint-Gothard est funeste aux phthisiques; au Pérou, le séjour sur les hauts plateaux des Cordilières leur est favorable[3]. Voilà des faits très-intéressants qui ont été mis en lumière par les travaux modernes.

L'*augmentation* de la pression atmosphérique a une influence certaine sur la santé de l'homme : dans quelques cas elle peut être nuisible; dans plusieurs maladies cette influence est favorable et elle a été utilement invoquée. Cette condition spéciale de l'atmosphère intéresse encore l'hygiéniste, parce qu'elle se rencontre à divers degrés dans les travaux des mines, dans la cloche à plongeur, etc.

De nombreuses et rigoureuses observations ont été recueillies depuis vingt ans. Elles nous permettent d'apprécier avec précision le rôle physiologique de l'air condensé, les effets thérapeutiques de

[1] Lombard, *Le climat de montagne au point de vue médical.*

[2] Bouchardat, *Rapport général sur le service des eaux minérales.* (*Mémoires de l'Académie de méd.* 1864.)

[3] Guilbert, *loc. cit.*

l'air comprimé; elles ont reçu la consécration de nombreuses et utiles expériences[1].

Modifications de propriétés et de proportions des principes normaux de l'atmosphère; ozône. — La question de l'ozône a certainement une grande importance en hygiène, mais elle est embarrassée de faits confus et mal observés. Sous le point de vue de la philosophie naturelle, un grand nombre d'observations paraissent démontrer que la plupart des corps simples peuvent présenter des propriétés dissemblables dans des conditions données, et que c'est surtout dans le moment qui précède les combinaisons avec d'autres corps que ces propriétés se révèlent. Parmi ces modifications moléculaires des corps simples, celle du gaz oxygène désignée sous le nom d'*ozône* présente pour l'hygiéniste un double intérêt. L'ozône en excès dans l'air peut devenir cause de maladie; quand il fait absolument défaut, certaines matières organiques nuisibles (miasmes, effluves), qui sont incompatibles avec cet oxygène actif, peuvent se rencontrer dans l'atmosphère. Quoi qu'il en soit de ces vues théoriques, répétons que, malgré de très-nombreuses observations suivies pendant ces dix dernières années, l'histoire hygiénique de l'ozône est encore à faire[2].

[1] Pravaz, *Essai sur l'emploi médical de l'air comprimé*, Paris, 1850, in-8°. — Tabarié, *Effets de la variation de pression à la surface du corps.* (*Comptes rendus de l'Acad. des sciences*, t. XIII, p. 233 et 1072.) — Millet, *De l'air comprimé comme agent thérapeutique*, Lyon, 1854, in-8°. — Bertin, *Étude clinique de l'emploi et des effets du bain d'air comprimé*, Paris, 1855, in-8°. — Pravaz fils, *Air comprimé; effets physiologiques, appl. thérap.* Lyon, 1859, in-8°. — François, *Air comprimé; effets sur les ouvriers.* (*Annales d'hyg.* 2e série, t. XIV. — Willemin, *Air comprimé dans les travaux d'art.* (*Gazette médicale de Strasbourg*, 1860.) — Foley, *Travail dans l'air comprimé*, Paris, 1863, grand in-8°. — Hermel, *Des accidents produits par l'usage de chambres à air comprimé.* (*Art médical*, 1862-1863.)

[2] Schönbein, un grand nombre de mémoires et de notes dans les *Comptes rendus de l'Académie des sciences* et dans les *Annales de chimie et de physique.* — Fremy et Ed. Becquerel, *Recherches électro-chimiques sur l'oxygène électrisé.* (*Annal. de chimie et de physique*, 3e série, t. XXXV, p. 62, 105.) — Scoutetten, *L'ozône*, Metz,

Diminution dans la proportion du gaz oxygène. Augmentation du gaz acide carbonique. — Les recherches si complètes sur les phénomènes de la respiration de l'homme et des animaux nous ont montré la limite qu'on pouvait atteindre dans la diminution de proportion du gaz respirable[1]. Ces mêmes observations, corroborées par des expériences directes, ont fixé le rôle de l'acide carbonique[2], en nous faisant rigoureusement connaître ses propriétés physiologiques. L'influence hygiénique de l'augmentation ou de la diminution de la vapeur d'eau dans l'air est aujourd'hui nettement appréciée.

Viciation de l'air par des principes chimiquement définis.

Les principes chimiquement définis, étrangers à l'atmosphère, qui peuvent vicier l'air se rapportent à trois groupes : 1° les gaz, 2° les vapeurs, 3° les poussières. L'étude de ces viciations intéresse principalement l'hygiène des manufactures. Nous y reviendrons dans la division de l'hygiène générale (voyez p. 98 et suiv.); mais nous pensons que nous devons indiquer ici les progrès nouvellement réalisés sur l'appréciation du rôle hygiénique des poussières.

Les *poussières* sont distinguées en *toxiques*, et en poussières *relativement inoffensives*, qui ne nuisent que par une action en quelque sorte mécanique.

1856, in-12. — Desplats, *De l'ozône* (*Thèses de Paris*, 1857, n° 175.) — Nombreux articles, depuis 1854, de Böckel. (*Gaz. méd. de Strasbourg.*) — Mémoires de MM. Marignac, Wolf, Berigny, Houzeau, Cloës, Bineau, dans les *Comptes rendus de l'Académie des sciences* depuis 1850.

[1] Regnault et Reiset, *loc. cit.* — Leblanc, *Recherches sur la composition de l'air confiné.* (*Annales de chimie et de physique*, 3e série, t. V, p. 318.) — *Rapport au ministre de la guerre relativement au volume d'air à assurer aux hommes de troupe dans les chambres des casernes.* (*Ann. de chimie et de physique*, t. XXVII, p. 373.) — Lassaigne, *Sur la composition de l'air des salles de spectacle.* (*Annales d'hygiène*, t. XXXVI, p. 296.)

[2] Orfila, *Viciation de l'air par l'acide carbonique.* (*Toxicologie génér.* p. 736, t. II.) — Malgaigne, *Asphyxie par la vapeur du charbon.* (*Gaz. méd.*) — Regnault et Reiset, *loc. cit.* — A. Chevallier, *Dangers et inconvénients des fours à chaux.* (*Ann. d'hygiène*, oct. 1862.) — J. Ch. Herpin, *De l'acide carbonique, de ses propriétés physiques, chimiques et physiologiques*, etc. Paris, 1864, grand in-18.

Le rôle des principales poussières toxiques a été fixé par des expériences nombreuses et des observations variées, dont les plus importantes se rapportent à l'intoxication plombique[1]. Citons encore, parmi les poussières toxiques qui ont fourni l'occasion de bons et utiles travaux, celles de cuivre[2], de mercure[3], d'arsenic[4],

[1] A. Lefebvre, plusieurs *Mémoires sur l'intoxication saturnine, cause de la colique sèche*, 1 vol. in-8°, 1859. — *Cuisine et appareils distillatoires dans la marine*. (*Annales d'hygiène*, avril 1862.) — Combes, *Rapport sur la fabrication de la céruse en France, au point de vue de la santé des ouvriers*. (*Comptes rendus de l'Académie des sciences*, t. XXIV, p. 575; 1849.) — Brachet, *Traité pratique de la colique de plomb*, Paris, 1850, in-8°. — Coulier, *Question de la céruse et du blanc de zinc*, Paris, 1852, in-8°. — A. Tardieu, *Sur la suppression de la fabrication et de l'emploi de la céruse*. (*Moniteur des hôpitaux*, 1853.) — V. Thibault, *Affections saturnines chez les dessinateurs en broderie, les ouvrières en dentelles*. (*Annales d'hygiène*, 1856.) — Paul, *Sur certaines maladies saturnines*. (*Thèses de Paris*, 1861.) — Archambault, *Empoisonnement saturnin par poussière de cristal chez les ouvriers travaillant à la contre-oxydation du fer*. (*Arch. méd.* 1861.) — Duchesne, *Colique de plomb des ouvriers émailleurs en fer*. (*Annales d'hygiène*, 1861.) — Beaugrand, *Accidents saturnins chez les ouvriers fabriquant des étiquettes vitrif.* (*Gazette des hôpitaux*, 1862.) — Dumesnil, *Accidents saturnins chez les ouvriers travaillant le verre mousseline*. (*Thèses de Paris*, 1864.) — Gallard, *Verre mousseline*. (*Annales d'hygiène*, janvier 1866.)

[2] A. Chevallier et Boys de Loury, *Des accidents qui peuvent survenir chez les ouvriers qui travaillent le cuivre*. (*Annales d'hygiène*, 1847, 1856.) — Blandet, *Mémoire sur la colique de cuivre*. (*Journal de médecine* de Beau, 1845.) — Pietra-Santa, *De la non-existence de la colique de cuivre*. (*Annales d'hygiène*, 1858.) — Pierron, *Des maladies des horlogers produites par le cuivre*. (*Bulletin de la Société médicale de Besançon*, 1860.)

[3] Chevallier, *De l'intoxication par l'emploi du nitrate acide de mercure chez les chapeliers*. (*Thèses de Paris*, 1860.) — Lizé, *Influence de l'intoxication mercurielle sur le produit de la conception*. (*Journal de chimie médicale*, 1862.)

[4] Blandet, *Mémoire sur l'empoisonnement externe produit par le vert de Schweinfurt*, ou *De l'œdème, de l'éruption professionnelle des ouvriers en papiers peints*. (*Journal de médecine* de Beau, t. III, p. 112, 1845.) — A. Chevallier, *Essai sur les maladies qui atteignent les ouvriers en papiers peints qui emploient dans la préparation de ces papiers le vert de Schweinfurt*, etc. (*Ann. d'hyg.* 1re série, t. XXXVIII, p. 56; 1847.) — *Recherches sur les dangers que présentent le vert de Schweinfurt, le vert arsénical, l'arsénite de cuivre*. (*Ann. d'hygiène*, 2e série, t. XII, p. 49; 1859.) — Follin, *Sur l'éruption papulo-ulcéreuse qu'on observe chez les ouvriers qui manient le vert de Schweinfurt*. (*Archives générales de médecine*, 5e série, t. X, p. 683; 1857.) — P. de Pietra-Santa, *Existe-t-il une affection*

de phosphore[1]. Pour les autres poussières, le progrès le plus considérable a consisté à bien démontrer que chaque poussière avait un rôle spécifique qu'il importait de déterminer, et que presque toutes les appréciations générales étaient erronées. On a étudié avec le plus grand soin les effets des poussières très-dures et insolubles, telles que celles de silex et d'acier, dont l'inhalation continue détermine une forme spéciale de tuberculisation pulmonaire[2].

propre aux ouvriers en papiers peints qui manient le vert de Schweinfurt? (*Annales d'hygiène*, 2e série, t. X, p. 339; 1858.) — E. Beaugrand, *Des différentes sortes d'accidents causés par les verts arsénicaux employés dans l'industrie.* (*Gazette des hôpitaux*, 1859, nos 25, 28.) — M. Vernois, *Mémoire sur les accidents produits par l'emploi des verts arsénicaux chez les ouvriers fleuristes en général et chez les apprêteurs d'étoffes*, etc. (Fig. dans les *Annales d'hygiène*, 2e série, t. XII, p. 319; 1859.)

[1] Sédillot, *Nécrose des os de la face produite par le phosphore.* (*Comptes rendus de l'Académie des sciences*, t. XXII, p. 437; 1847.) — Bricheteau, Boys de Loury et A. Chevallier, *Mémoires sur la fabrication des allumettes chimiques.* (*Comptes rendus de l'Académie des sciences*, t. XXIV, p. 618; 1847.) — E. Hervieux, *De la nécrose des mâchoires produite par l'influence des vapeurs de phosphore dans la fabrication des allumettes chimiques.* (*Union médic.* p. 200; 1848.) — A. Chevallier, série de *Recherches sur le phosphore amorphe substitué au phosphore ordinaire.* (*Annales d'hygiène*, 2e série, t. III, p. 124.) — A. Tardieu, *Étude historique et médico-légale sur la fabrication et l'emploi des allumettes chimiques.* (*Annales d'hygiène*, 2e série, t. VI, p. 5; 1856.) — A. Glenard, *Sur la fabrication du phosphore et des allumettes phosphorées à Lyon.* (*Gazette médicale de Lyon*, p. 95; 1856.) — U. Trélat, *De la nécrose causée par le phosphore.* — E. Leudet, *Recherches cliniques sur l'empoisonnement par la matière phosphorée des allumettes chimiques.* (*Archives générales de médecine*, 2e série, t. IX, p. 308; 1857.) — Gaultier de Claubry, *Des allumettes chimiques avec et sans phosphore.* (*Annales d'hygiène*, 2e série, t. XII, p. 260; 1859). — Chaumier, *Études chimiques, hygiéniques et médico-légales sur le phosphore.* (*Thèses de Paris*, 1859, n° 167, in-4°.) — Poggiale, *Rapport sur la fabrication et l'emploi des allumettes chimiques*, et *discussion.* (*Bull. de l'Acad. de médecine*, t. XXV, p. 246; 1860.) — Bouvier, *De la nécrose phosphorée et de la prohibition des allumettes chimiques;* rapport fait à l'Académie de médecine. (*Bull. de l'Acad. de méd.* t. XXV, p. 1031; 1860.) — A. Chevallier, *Mémoire sur les allumettes chimiques préparées avec le phosphore ordinaire, et les dangers qu'elles présentent sous le rapport de la santé des ouvriers, de l'empoisonnement et de l'incendie.* (*Annales d'hygiène*, 2e série, t. XV, p. 254; 1861.) — Becourt et Chevallier, *Accidents qui atteignent les ouvriers qui travaillent le bichromate de potasse.* (*Annales d'hygiène*, juillet 1863.)

[2] A. Morin, *Sur les moyens proposés par M. Peugeot pour préserver les ouvriers*

On a apprécié avec beaucoup plus de rigueur l'influence des poussières de houille[1], de charbon[2], de ponsif[3]. On a nettement démontré que les effets d'un grand nombre de ces poussières ne se révèlent qu'après plusieurs années de leur inhalation[4].

Altération de l'air par des principes non chimiquement définis[5].

Si la question de l'altération de l'air par les principes non chimiquement définis n'occupe qu'une place très-secondaire dans les

des dangers qu'offre l'emploi des meules en grès. (*Comptes rendus de l'Académie des sciences*, t. XXXV, p. 1.) — Willermé fils, *Note sur la santé de certains ouvriers en aiguilles.* (*Annales d'hygiène*, 1850.) — Putegnat et Londès, *Maladies des tailleurs de cristal de verre.* (*Bullet. de l'Académie de médecine*, 1859-1860.) — Betz, *Sur les causes de la mortalité des tailleurs de pierre et sur les moyens de les prévenir.* (*Thèse de Strasbourg*, 1862.) — Bouchardat, *Des poussières qui ont une action évidente sur la production de la tuberculisation pulmonaire.* (Supplément à l'*Annuaire de thérapeutique* de 1861, p. 51-60.) — Feltz, *Maladies des tailleurs de pierre.* (*Gazette médicale de Strasbourg*, 1865.) — Jordan, *Fabrique d'aciers; aiguiseurs.* (*Annales d'hygiène*, avril 1865, p. 283.)

[1] Ducpetiaux, *Du travail des enfants dans les mines des houillères de la Belgique et de son influence sur la santé.* (*Annales d'hygiène*, t. XXIX.) — Francon, *Mémoire sur l'anémie des houilleurs.* (*Bulletin de l'Académie de Belgique*, 1861.) — Demarquette, *Essai sur les maladies des ouvriers des houillères de Carrières.* (*Moniteur scientifique*, 1861.) — A. Riembault, *Hygiène des ouvriers mineurs employés dans les houillères*, Paris, 1861, in-8°. — Fossion, *Rapport* de la Commission chargée d'examiner les *Mémoires* envoyés au concours ouvert sur les maladies propres aux houilleurs de Belgique. (*Bullet. de l'Académie de médecine de Belgique*, 1861.) — Boens-Doisseau, *Traité pratique des maladies et des accidents des houilleurs*, Bruxelles, 1862, in-8°. — Beaugrand, *Anthracose des houilleurs.* (*Annales d'hygiène*, 1862.)

[2] Cruveilhier, *Bronchite mélanique des charbonniers.* (*Annales thérapeutiques*, t. V, p. 289.) — Hervieux, *Action nuisible des poussières.* (*Bull. Soc. hôpit.* 1855.) — Vernois, *De l'action des poussières de charbon sur la santé des charbonniers.* (*Annales d'hygiène*, 1858.)

[3] A. Tardieu, *Étude hygiénique sur la profession de mouleur en cuivre.* (*Annales d'hygiène*, 1854.) — Bouillaud, *Cas de pseudo-mélanose chez un mouleur.* (*Bulletin de l'Académie de médecine*, 1860-1861.)

[4] A. Tardieu, *loc. cit.*

[5] Bouchardat, *Analyse micrographique de l'air.* (*Cours d'hygiène.*) — Pasteur, *Travaux divers sur la génération dite spontanée.* (*Comptes rendus de l'Académie des sciences*, t. LVII, p. 57.) — Ch. de Vauréal, *Essai sur l'histoire des ferments*, in-8°, Paris, 1864.

études que le chimiste aborde, elle en a au contraire une tout à fait dominante lorsqu'il s'agit d'hygiène : les effets de quelques-uns de ces corps qui sont mêlés à ces innombrables poussières que l'air transporte sont des plus remarquables; c'est l'homme qu'on peut considérer comme le réactif qui révèle leur puissance[1]. Ces principes, entraînés dans l'atmosphère avec la vapeur d'eau, sont rangés aujourd'hui sous trois titres principaux : 1° les effluves des marais; 2° les produits des fermentations putrides; 3° les miasmes spécifiques.

Effluves des marais. — Sous le double rapport de l'importance pour les doctrines médicales et de l'utilité pratique, la question des marais est une des plus grandes que l'on puisse aborder en hygiène. La modification si profonde et quelquefois si fatalement durable que peut imprimer à l'organisme humain une quantité infiniment petite de matière engendrée dans les marais est bien digne de toutes nos méditations.

L'action de ces produits qui prennent surtout naissance dans les plus belles contrées du globe est la plus grande cause de dépopulation de pays si éminemment privilégiés sous tant d'autres rapports.

En hygiène, la signification du mot *marais* est beaucoup plus large que dans le langage ordinaire. Admettons pour un moment comme démontrée l'existence de ces matières organiques que nous nommons *effluves*, entraînées par la vapeur d'eau et possédant la propriété de donner les maladies intermittentes; nous dirons : on donne en hygiène le nom de *marais* à un foyer où se développent des *effluves palustres*.

La circonstance qui a puissamment contribué à augmenter pour la France l'intérêt qui s'attache à la question des marais, c'est qu'elle doit venir au premier rang lorsqu'il s'agit de nos colonies du Sénégal, de la Cochinchine et de nos possessions d'Algérie.

[1] Beaugrand, *Analyse des travaux ayant pour but l'analyse microscopique de l'air.* (*Annales d'hygiène*, juillet 1862.)

Plusieurs départements du centre, une partie de notre littoral, ont aussi rudement à souffrir de ces maladies intermittentes.

L'état physique des marais est aujourd'hui assez bien connu. S'il existe des lacunes importantes, nous pensons que ce sera hâter la solution de ces problèmes que de signaler ces lacunes.

On sait par des observations concordantes que les eaux impures favorisent la formation des effluves; on connaît la nature des substances salines et leur proportion. On sait que l'existence de certains débris végétaux qui se putréfient dans les limons constitue la matière première de la fermentation palustre. On connaît les gaz qui se développent dans les localités maremmatiques. La flore et la faune de ces localités ont été étudiées dans ce qu'elles ont de plus ordinaire. Mais une étude microscopique patiemment et habilement conduite est encore indispensable pour nous faire connaître les spores de certains végétaux des marais qui ont été mis en cause, et surtout pour nous apprendre à distinguer les animaux microscopiques si nombreux qui pullulent dans ces débris végétaux qui se putréfient, et qui sont les moteurs de ces fermentations et la cause première de tous les accidents des marais. Ce qu'il importerait surtout de connaître, ce seraient les conditions d'existence de ces êtres, dont, il y a quelques années, on soupçonnait à peine l'existence etsurtout le rôle immense qu'ils jouent dans les phénomènes de la mort et de la vie.

Quoiqu'il existe encore bien des inconnues pour établir sur des bases inébranlables une théorie qui rende compte des effets des marais, la science s'est cependant enrichie, dans ces dernières années, d'observations d'une valeur incontestable. Tous les gaz qui se dégagent des marais ont été successivement mis en cause, et l'on a reconnu que l'inhalation d'aucun d'eux ne pouvait rendre compte des effets observés. La théorie de l'influence de l'humidité, soutenue il y a trente ans par un éminent observateur, n'est plus admise par personne. On a renoncé de même à attribuer l'origine des maladies des marais à des insectes entraînés par l'air. Si dans ces derniers temps on a remis de nouveau en avant l'hypothèse, si souvent défendue, de l'influence de l'émanation de plantes spéciales, on n'a point déterminé la nature des spores qu'on mettait en cause, on n'a pas répondu à l'objection capitale qui consiste à dire que les maladies de marais se produisent dans des localités où les plantes désignées n'existent pas; puis on n'a point examiné s'il ne s'agissait pas d'une simple question de coïncidence.

Les conditions de la formation des effluves ont été établies avec une netteté suffisante par un grand nombre d'observations : on sait tout d'abord que la condition primordiale est la présence de certaines parties de végétaux morts; on admet ensuite que l'eau est indispensable à la manifestation du phénomène; on a aussi démontré que l'accès de l'air était une condition absolue. Les espaces submergés ne produisent pas d'effluves; on en constate seulement l'existence par leurs effets pendant l'asséchement des boues. La loi qui nous montre la progression constante des dangers, toutes choses égales d'ailleurs, avec l'élévation de température est aujourd'hui établie par de nombreuses et concordantes observations. Enfin le rôle de certains sels, en proportions déterminées, tels qu'ils résultent du mélange des eaux douces et des eaux salées, a été nettement apprécié. C'est à une cause du même ordre qu'il faut rapporter l'existence de fièvres des marais sur certains sols où l'on ne remarque cependant aucun vestige d'eaux stagnantes [1]. Quelles peuvent être les matières organiques entraînées par la vapeur d'eau qui constituent les effluves? L'hypothèse la plus vraisemblable consiste à admettre que c'est un venin produit par une des espèces des animaux microscopiques qui déterminent la fermentation des marais [2].

Cette espèce n'appartient pas au genre *Vibrio*, qui comprend les infusoires moteurs de la fermentation putride. Deux raisons s'y

[1] Savi, *Mémoire sur les effluves.* (*Annal. de chimie et de physique,* 3e série, t. III, p. 344.) — Fr. Daniell, *Sur les effluves.* (*Annuaire des eaux de la France,* 1851.)

[2] Bouchardat, *Des venins et des effluves.* (*Ann. de thérap.* pour 1866, p. 336.)

opposent : la première, c'est que les produits de la fermentation putride, qui affectent si péniblement l'odorat, ne déterminent pas des maladies à quinquina; la seconde, c'est que les effluves des marais ne se révèlent par leurs effets que lorsque les boues des marais reçoivent l'accès de l'air. Les vibrions moteurs de la fermentation putride (*anaérobies*, PASTEUR) ne vivent que dans un milieu privé d'oxygène. Les infusoires microscopiques moteurs de la fermentation des marais ne paraissent vivre que lorsqu'ils ont l'accès de l'air (*aérobies*).

Ce ne sont point des infusoires microscopiques eux-mêmes qui sont entraînés par l'air; le microscope nous en aurait démontré l'existence. Mais, lorsqu'on examine avec son secours les vapeurs condensées dans les localités maremmatiques, on y découvre des flocons organiques, mélange d'un grand nombre de produits, parmi lesquels se trouve la matière toxique.

Admettre qu'elle est produite par un acte de la vie de ces infusoires qui pullulent dans la boue des marais en voie d'assèchement est l'hypothèse qui rend mieux compte des observations. Dire que cette substance se rapproche alors des poisons produits par les animaux (les venins), ce n'est que donner aux faits leur interprétation la plus légitime [1].

Sans doute bien des études restent à faire pour déterminer l'espèce ou les espèces d'infusoires auxquelles nous attribuons la plus grande cause d'insalubrité qui pèse sur l'homme, pour connaître les conditions de leur propagation; mais ces études auront une immense portée, car elles nous serviront de guide assuré pour arriver à la prophylaxie des maladies qui dépeuplent les plus belles parties du globe.

Il est vraisemblable que ces études donneront une interprétation

[1] Il existe, en effet, parmi les infusoires qui pullulent dans les produits de la décomposition des matières végétales, plusieurs espèces qui ne paraissent avoir d'autres moyens de s'emparer de leur proie ultra-microscopique que de l'attaquer par un venin.

très-simple de faits dont nous ne pouvons nous rendre compte dans l'état actuel de nos connaissances.

Admettons pour un instant que ce n'est point une espèce unique qui détermine tous les accidents des marais, mais des espèces voisines ayant des aptitudes et des conditions d'existence différentes. On comprendra aisément comment les effluves qui naissent sous l'influence du desséchement des boues provenant du mélange des eaux douces et des eaux salées sont plus à redouter que les effluves provenant du desséchement de boues déposées par les eaux douces ou salées isolément, si deux espèces différentes d'infusoires toxifères vivent dans ces boues.

Comment plusieurs localités de la Nouvelle-Calédonie[1] et de quelques îles de l'Océanie sont-elles exemptes des maladies des marais, malgré l'existence de marais dans lesquels les matières végétales se décomposent? Cette immunité ne résulterait-elle pas de l'absence des infusoires toxifères, soit par le fait qu'ils n'existaient pas et qu'ils n'ont pas été transportés dans ces localités, soit encore parce que les végétaux qui pourrissent dans ces marais sont des *mellaleuca* ou d'autres végétaux à essence qui tuent les infusoires toxifères?

On est conduit par un grand nombre d'observations concordantes à admettre que les effluves des marais jouent un rôle important dans la genèse des foyers primitifs du choléra contagieux, de la fièvre jaune et peut-être de la peste.

On s'explique difficilement pourquoi, sous l'influence de conditions qui paraissent en apparence identiques, on voit naître, la misère et l'encombrement aidant, des maladies si différentes. Tout s'interpréterait avec facilité si l'observation venait à nous démontrer que ce sont des poisons produits par des espèces voisines, mais spécifiquement différentes. Une de ces espèces vit au delta du Gange, et son poison donne le choléra; une autre à l'embouchure des

[1] Rochas, *Topographie de la Nouvelle-Calédonie.* (*Thèses de la faculté de médecine de Paris,* 1861.)

grands fleuves de l'Amérique du Sud, elle devient le moteur des foyers primitifs de la fièvre jaune. On sait que, pendant de longues années, les foyers primitifs de la fièvre jaune ont été peu nombreux. Leur multiplicité plus grande depuis vingt ans s'expliquerait aisément par le fait de la propagation de l'espèce favorisée par de plus rapides et plus fréquentes communications entre les localités lui offrant les conditions d'existence qui lui conviennent.

Les foyers primitifs de la fièvre jaune, du choléra, étant formés, leur propagation s'explique par la transformation de la maladie : infectieuse d'abord, elle devient contagieuse, comme cela s'observe pour le *typhus feber* et probablement pour bien d'autres affections.

Mais, hâtons-nous de le dire, ces vues théoriques ont besoin, pour être admises, de la sanction de l'observation et de l'expérience.

On a depuis plusieurs années, et successivement, déterminé avec rigueur les maladies qu'il convenait d'attribuer à l'influence des effluves des marais; on les a distinguées en : 1° endémies intermittentes, variant par le type et la gravité; 2° épidémies et épizooties. On a également montré que certaines affections, telles que la dyssenterie épidémique, la colique endémique des pays chauds, etc. si elles ne sont pas déterminées par les effluves des marais, pouvaient cependant, par leur influence, être favorisées dans leur développement.

Les questions qui ont trait à la non-accoutumance aux effluves et aux récidives qui s'étendent sur un si grand nombre d'années ont reçu de nouvelles et éclatantes confirmations par le séjour de nos armées en Algérie [1].

L'influence des effluves des marais sur les hommes aux différents âges de la vie a été très-nettement appréciée. Cette connaissance a surtout pris une importance considérable pour le jeune âge. Si les enfants allaités présentent une préservation relative, après le se-

[1] Consulter les travaux des médecins militaires ou de la marine, Maillot, Boudin, Laveran, F. Jacquot, Laure, soit dans leurs ouvrages spéciaux, soit dans le *Recueil de Mémoires de médecine, de chirurgie et de pharmacie militaires.*

vrage ils sont frappés avec une telle puissance, que cette question de la mortalité excessive des enfants dans les localités maremmatiques est devenue la plus importante dans la pensée des hommes soucieux de l'avenir, qui s'occupent de la colonisation de l'Algérie.

L'influence défavorable, au point de vue de l'action des effluves, du travail des champs, de l'alimentation insuffisante, de privation de vin, d'habitation dans les rez-de-chaussée, a été établie par de trop nombreuses observations pour qu'il soit permis de la révoquer en doute. Il est bien démontré que ce sont les plus pauvres parmi les travailleurs des campagnes qui sont surtout exposés aux maladies des marais. Voilà pourquoi il est si désirable que le remède efficace, le sulfate de quinine, puisse leur être vendu au plus bas prix possible[1].

La question de l'antagonisme des maladies des marais avec la phthisie pulmonaire et la fièvre typhoïde a été éclairée par de nombreuses observations contradictoires, et cet antagonisme est restreint aujourd'hui dans d'étroites mais légitimes limites[2].

Règles hygiéniques se rapportant aux marais. — Les règles hygiéniques qui ont trait directement ou indirectement à la production des effluves des marais sont du ressort de l'hygiène privée et de l'hygiène publique. Il est peu de questions plus importantes pour la France dans ses rapports avec ses grandes possessions africaines. C'est par la puissance de nos armes qu'a été faite la conquête de l'Algérie; c'est par l'hygiène que notre établissement y sera solide et définitif.

Les règles d'hygiène tant privée que publique se déduisent lé-

[1] C'est la pensée qui m'a inspiré en publiant avec M. Delondre la *Quinologie*, ouvrage dans lequel sont décrits, pour la première fois, les quinquinas de la Nouvelle-Grenade, qui aujourd'hui jouent un si grand rôle dans la fabrication du sulfate de quinine; et c'est dans cet ouvrage que sont exposées les raisons qui militent en faveur de la culture régulière des bons quinquinas : *Cinchona Calysaya*, *C. succirubra*, *C. pitayansis*. (*Annuaire de thérapeutique*, 1866.)

[2] Boudin, *Essai de géographie médicale*, p. 32; 1843.

gitimement des considérations théoriques que nous avons exposées. Les conditions dans lesquelles se développent et s'éteignent les foyers de production des effluves des marais étant connues, le premier soin est de les écarter autant qu'il est en notre pouvoir. L'influence des habitations, du séjour nocturne, des vêtements, de la nourriture, étant appréciée, nous touchons bientôt au but, celui d'être maîtres d'un des plus grands fléaux de l'humanité. Reconnaissons que, depuis quinze ans, de grandes choses ont été réalisées chez nous : l'insalubrité a été chassée de plusieurs parties de la Sologne, de la Brenne et d'autres contrées de la France; un grand nombre de localités de notre Algérie, inhabitables il y a dix années à peine, sont devenues relativement salubres, grâce à des travaux énergiquement poursuivis et aux efforts d'une agriculture progressive.

Il nous reste à choisir quelques exemples parmi les exploitations diverses dans lesquelles se produisent les effluves des marais à propos desquelles des progrès ont été réalisés récemment. Les causes des dangers des étangs[1] mal tenus et de ceux à culture alternative sont aujourd'hui beaucoup mieux appréciées. Le Gouvernement a tendu une main ferme et secourable aux populations laborieuses qui souffraient de ce voisinage; beaucoup d'étangs à culture alternative ont été transformés en fécondes prairies, et tous y ont gagné. Les étangs dans lesquels on élève les sangsues, et qui présentaient de si graves conditions d'insalubrité, ont été examinés avec le plus grand soin par les conseils d'hygiène, et les dangers ont été éloignés [2].

L'influence des défrichements d'après l'état du sol et du climat

[1] Puvis, *Des causes et des effets de l'insalubrité des étangs*, Bourg, 1851, in-8°. — Gaudon, *De la Brenne et de ses étangs*, le Blanc, 1861, in-8°. — J. Rollet, *Étangs des Dombes, leur influence sur la population.* (*Gaz. méd. de Lyon*, février 1862.) — Siraud, *Mémoire sur les étangs*, Paris, 1860. — Reinhard, *Influence des contrées paludéennes sur la durée de la vie.* (*Annal. d'hygiène*, juillet 1862.)

[2] *Rapports sur l'élève et la multiplication des sangsues*, par M. Clémenceau. (*Travaux des conseils d'hygiène et de salubrité du département de la Gironde*, Bordeaux, 1851, 1853, 1857.) — *Études hygiéniques sur l'élève des sangsues dans le*

a été beaucoup mieux comprise. Notre expédition en Chine nous a permis de mieux apprécier les procédés mis en usage par les cultivateurs chinois pour éloigner les causes de danger qui accompagnent la culture du riz [1]. L'histoire hygiénique des marais salants a été tracée avec une grande intelligence du sujet; des mesures efficaces ont été prises pour écarter autant qu'il est en nous les dangers de cette importante industrie [2].

Le rouissage du chanvre a été étudié à divers points de vue [3].

Les conseils d'hygiène des départements, les administrateurs de notre Algérie commencent à comprendre que la question des effluves des marais est la plus grande que l'on puisse attaquer. Aussi lui appliquerons-nous ce mot, si connu, de l'opiniâtreté romaine: c'est le *delenda Carthago* de l'hygiène.

Produits nuisibles ou incommodes transmissibles par l'air, dérivant des hommes malades ou de la décomposition des matières animales. — On peut rapporter à deux titres distincts l'étude des produits nuisibles ou incommodes provenant des hommes malades ou de la

département de la Gironde, par Ch. Levieux, Bordeaux, 1853. — *Mémoire du conseil agricole central des éleveurs de sangsues de la Gironde,* Bordeaux, 1853. — *Guide pratique des sangsues,* par Louis Voyson, 2ᵉ éd. Bordeaux, 1855. — *Rapports des travaux du conseil d'hygiène des départements de la Meurthe et de la Nièvre.* — *Mémoire sur l'hirudiniculture ou l'élève des sangsues, considérée sous le rapport commercial, industriel, agricole, humanitaire et hygiénique,* par A. P. Laurens, Paris, 1854.

[1] Sorgoni, *Influence de la culture du riz sur la fréquence des fièvres intermittentes.* (*Gazette médicale,* 1843-1849.) — Boileau de Castelnau, *De l'insalubrité des rizières.* (*Annales d'hygiène,* 1850.) — Soulé, *Rapport sur les rizières de la Teste.* (*Conseil d'hygiène de la Gironde,* 1851.) — Levieux, *Rizières de la Teste.* (*Conseil d'hygiène de la Gironde,* 1855.) — *Culture du riz en Chine.* (*Mémoires de la Société d'agriculture de France,* 1852.)

[2] Consulter les beaux travaux de M. Balard sur les marais salants du midi de la France. — Lelier, *Rapport sur les marais salants.* (*Mémoires de l'Académie de médecine,* Paris, 1848.) — Ad. Wurtz, *Rapport au comité consultatif d'hygiène sur les marais salants.*

[3] Roucher, *Du rouissage considéré au point de vue de l'hygiène publique et de son introduction en Algérie.* (*Annales d'hygiène,* octobre 1864.)

décomposition spontanée des matières animales : 1° *miasmes spécifiques;* 2° *fermentations putrides.* Les connaissances nouvelles qui se rapportent aux miasmes spécifiques seront exposées quand nous parlerons des maladies contagieuses. Nous allons nous borner à présenter ici ce qui a trait aux fermentations putrides et aux questions hygiéniques qui s'y rattachent.

Fermentations putrides. — On confond sous ce nom un grand nombre de transformations moléculaires qui commencent à être mieux connues dans leurs causes et dans leurs effets. On sait aujourd'hui que la plupart de ces phénomènes ne sont pas uniquement des actes de destruction de la matière organisée, mais que ces décompositions sont mises en mouvement par l'action de la vie d'êtres inférieurs[1].

La présence d'infusoires ou ferments vivants est une condition absolue de toute fermentation putride. Examinez à l'aide d'un microscope toutes les matières en putréfaction, et vous y découvrirez un monde dans un état d'agitation extrême. Le rôle antiseptique d'un grand nombre de poisons s'explique de la façon la plus naturelle ar ce tte action toxique qu'ils exercent sur les ferments ou infusoires, compagnons obligés de la fermentation putride.

« Tous les sels mercuriaux qui viennent au premier rang des antiputrides sont aussi, de tous les composés, ceux qui tuent le plus énergiquement les êtres inférieurs; il en est de même des sels de cuivre, de zinc, de plomb, d'argent, etc., de l'acide arsénieux.

« Les éthers, le chloroforme, les essences, les produits pyrogénés analogues aux essences (créosote, acide phénique), possèdent

[1] Bouchardat, *Thèse de concours pour l'agrégation*, 1833. — Dumas, *Traité de chimie*, t. VI, p. 381. — Pasteur, *Fermentation putride.* (*C. R. de l'Acad. des sciences*, t. LVI, p. 738 et 1189, juin 1863.) — Ch. de Vauréal, *Essai sur l'histoire des ferments*, Paris, 1864, in-8°. (*Thèses de la faculté de médecine*, p. 104.) — Bouchardat, *Des ferments putrides.* (*Annuaire de thérapeutique*, 1866, p. 325.)

des propriétés antiseptiques bien constatées, et détruisent aussi, avec une grande énergie, la vitalité des êtres inférieurs[1]. »

Les vibrions de la putréfaction, dont Ehrenberg a décrit six espèces, sont appelés :

1° *Vibrio lineola;* 2° *Vibrio tremulans;* 3° *Vibrio subtilis;* 4° *Vibrio regula;* 5° *Vibrio prolifer;* 6° *Vibrio bacillus.*

Ces vibrions sont regardés comme six espèces de ferments putréfiants; M. Pasteur a reconnu qu'ils peuvent tous vivre sans oxygène, et que ce gaz les tue lorsqu'ils ne sont pas protégés contre son action directe.

Il est de connaissance vulgaire que la putréfaction met un certain temps à se déclarer, temps variable suivant les circonstances de température, de neutralité, d'acidité ou d'alcalinité du liquide. Dans les circonstances les plus favorables, il faut au minimum environ vingt-quatre heures pour que le phénomène commence à être accusé par des signes extérieurs. Pendant cette première période, un mouvement intestin s'effectue dans le liquide, mouvement dont l'effet est de soustraire entièrement l'oxygène de l'air qui est en dissolution, et de le remplacer par du gaz carbonique. La disparition totale du gaz oxygène, lorsque le milieu est neutre ou légèrement alcalin, est due, en général, au développement des plus petits des infusoires, notamment du *Monas crepusculum* et du *Bacterium termo* [2]. Un très-léger trouble se manifeste, parce que ces petits êtres voyagent dans toutes les directions. Lorsque ce premier effet de soustraction de l'oxygène en dissolution est accompli, ils périssent et tombent à la longue au fond du vase, comme ferait un précipité, et si, par hasard, le liquide ne renferme pas de germes féconds des ferments dont je vais parler, il reste indéfiniment dans cet état sans se putréfier, sans fermenter d'aucune façon. Ce cas est rare, mais M. Pasteur en a rencontré cependant plusieurs exemples. Le plus souvent, lorsque l'oxygène qui était en dissolution dans le

[1] Bouchardat, *Mémoire sur les désinfectants.* (*Annuaire de thérapeutique* de 1859.) —

[2] Pasteur, *loc. cit.*

liquide a disparu, les vibrions-ferments qui n'ont pas besoin de ce gaz pour vivre commencent à se montrer, et la putréfaction se déclare aussitôt. Elle s'accélère peu à peu en suivant la marche progressive du développement des vibrions.

Un liquide putrescible devient alors le siége de deux genres d'actions chimiques fort distinctes, qui sont en rapport avec les fonctions physiologiques des deux sortes d'êtres qui s'y nourrissent. Les vibrions, d'une part, vivant sans la coopération du gaz oxygène de l'air, déterminent dans l'intérieur du liquide des actes de fermentation, c'est-à-dire qu'ils transforment les matières azotées en produits plus simples, mais encore complexes. Les bactériums (ou les mucors), d'autre part, comburent ces mêmes produits et les ramènent à l'état des plus simples combinaisons binaires, l'eau, l'ammoniaque et l'acide carbonique.

Dire que les vibrions sont les seuls ferments putrides, c'est peut-être devancer les résultats de l'observation.

Quoi qu'il en soit, le fait général qui domine toutes ces études, c'est que les transformations organiques les plus importantes s'exécutent sous l'influence de la vie d'infusoires microscopiques. Les phénomènes les plus considérables des êtres vivants s'opèrent par l'action de ces infiniment petits dont le microscope seul nous révèle l'existence; et, comme l'a dit avec tant d'élévation M. Pasteur, que je viens de citer presque textuellement, « sans la vie qui succède à la mort, pour transformer les dépouilles mortelles des êtres qui vivent à la surface de la terre, le sol se trouverait encombré de cadavres. » M. de Lamartine avait exprimé une pensée analogue dans le vers que j'ai cité dans ma thèse de 1833 :

L'être succède à l'être, et la mort est féconde.

Les questions hygiéniques qui se rattachent aux fermentations putrides sont aussi nombreuses qu'importantes. Ces questions sont surtout discutées et éclairées dans les rapports des conseils d'hygiène des départements et particulièrement dans ceux du département de la Seine. Voici l'énoncé rapide de ces principales questions :

1° *Boues et immondices;* 2° *Égouts;* 3° *Latrines;* 4° *Fumiers;* 5° *Fabrique d'engrais;* 6° *Voiries;* 7° *Embaumement;* 8° *Cimetières;* 9° *Amphithéâtres d'anatomie;* 10° *Boyaudiers;* 11° *Abattoirs*, etc.[1]

Toutes ces questions ont une grande importance pour l'hygiène des villes, pour en éloigner une cause incessante d'incommodité, et pour l'hygiène des campagnes, car ces produits constituent d'excellents engrais.

La loi hygiénique qui résume nettement ce que l'on sait de pratique sur les fermentations putrides peut se formuler ainsi :

Les produits des fermentations putrides dont l'air peut se charger sont presque toujours incommodes et souvent à un point extrême, dangereux très-exceptionnellement, par accumulation dans un espace confiné, ou par certaines conditions spéciales qui n'ont pas été bien étudiées[2].

[1] *Rapport général sur les travaux du conseil d'hygiène publique et de salubrité du département de la Seine depuis 1849 jusqu'à 1858 inclusivement,* rédigé par A. Trébuchet, Paris, 1861, in-4°. — *Rapport général sur les travaux du conseil d'hygiène publique et de salubrité du département de la Seine depuis 1859 jusqu'à 1861 inclusivement,* Paris, 1864, in-4°. — *Rapports* des conseils d'hygiène des départements de la Gironde, du Nord, de la Seine-Inférieure, du Rhône, des Bouches-du-Rhône, de la Nièvre, du Finistère, de l'Aube, etc. depuis 1847.

[2] Chevallier, *Balayage.* (*Annales d'hygiène,* 1849.) — Boudin, *Études sur le pavage.* (*Annales d'hygiène,* 1851.) — Montfalcon et Polinière, *Traité de la salubrité dans les grandes villes,* p. 107; 1846. — A. Husson, *Traité de la législation de la voirie en France,* p. 947; 1850. — Plusieurs *Rapports* sur les égouts, l'infection des bords de la Tamise et les moyens d'y remédier, par MM. Hofmann, Frankland, Miller, Bazalgette, W. Johnson, W. Napier, etc. — Guérard, *Méphitisme et désinfection des fosses d'aisance.* (*Annales d'hygyène,* t. XXXII, p. 326.) — Grassi, *Assainissement des latrines.* (*Annales d'hygiène,* 1859.) — A. Tardieu, *Voiries et cimetières,* Paris, 1852, in-8°. — *Rapport sur les procédés d'embaumement.* (*Bulletin de l'Académie de médecine,* 1847, t. XII, p. 463.) — Scoutetten, *Pratique des embaumements,* Metz, 1859. — Vernois, *Traité d'hygiène industrielle; boyaudiers,* t. I, p. 183, Paris, 1860. — Perrin, *De l'inflammation des gaz produits dans les fosses d'aisance.* (*Annales d'hygiène publique,* janvier 1867.)

§ 3. ALIMENTATION.

Une des branches les plus considérables de l'hygiène est celle qui se rapporte à l'étude des aliments[1]. Bien choisir, pour les différentes formes de santé, les substances les plus convenables à l'accomplissement des diverses fonctions est un problème qui se présente chaque jour pour tous les hommes. Si nous ne sommes pas toujours maîtres d'éloigner les causes des maladies qui tiennent à la constitution de l'air, notre puissance est bien plus certaine lorsqu'il s'agit de l'alimentation, que nous pouvons modifier à notre volonté.

Cette branche des connaissances hygiéniques intéresse à la fois l'hygiène privée et l'hygiène publique : l'hygiène privée, car une bonne direction de l'alimentation n'est-elle pas le moyen le plus puissant de maintenir la santé, et de la rétablir quand elle est altérée? Le sage emploi des moyens diététiques vaut plus que tous les remèdes de la pharmacie.

L'étude des aliments touche à l'hygiène publique par la grande question des disettes et des famines, par celles des endémies, des épidémies d'alimentation, goître endémique, pellagre endémique, ergotisme, maladies vermineuses, trichinose, etc.

Pour marcher avec rectitude dans l'examen des questions si variées qui se rapportent à l'alimentation, il a été nécessaire de suivre une route différente de celle qui était frayée dans les ouvrages d'hygiène[2]. Il paraît d'abord indispensable de préciser l'influence des divers principes immédiats qui interviennent dans la composition des aliments, et qui servent à réparer les pertes si

[1] A. Husson, *La consommation de Paris*, Paris, 1856, in-8°. — Dumas, *Leçons sur la statistique des êtres organisés*, Paris, in-8°. — J. Liebig, *Chimie appliquée à la physiologie*. (*Lettres sur la chimie*.) — Payen, *Des aliments*, Paris, in-8°. — Robert de Massy, *Objets de consommation à Paris et à Londres*. (*Ann. d'hyg.* 1862.)

[2] Bouchardat, *Cours d'hygiène professé à la faculté de médecine depuis 1852*.

variées que subit l'économie; puis on arrive à fixer les faits qui permettent d'avoir des notions exactes sur l'aliment complet, et enfin les aliments usuels ou complexes sont décomposés dans leurs éléments. On aperçoit ainsi ce qu'il convient de leur ajouter pour constituer un régime satisfaisant dans les conditions diverses où l'homme est placé. Cette division que nous venons d'esquisser est basée sur les études nouvelles sur la digestion. De même qu'il existe plusieurs digestions distinctes[1], de même on doit étudier le rôle des principes immédiats alimentaires indépendamment les uns des autres, ou en les groupant d'après leurs affinités physiologiques.

Classification des matériaux alimentaires. — On divise aujourd'hui les matériaux alimentaires, ou principes immédiats des aliments, en trois groupes : le premier comprend les matériaux alimentaires inorganiques, le deuxième les principes immédiats organiques de la respiration (Liebig) ou de la calorification, et le troisième les matériaux alimentaires organisés ou de la réparation.

Comme base des études sur l'alimentation on a établi, par une discussion approfondie, quels étaient les corps simples qui entraient nécessairement dans la composition du corps de l'homme; on a recherché sous quels états ils s'y trouvaient et comment ils s'organisaient. On a déterminé, par l'analyse immédiate, quels étaient les principes immédiats qui intervenaient dans la composition du

[1] Bouchardat et Sandras, *Recherches sur la digestion.* (*Annuaire de thérapeutique*, 1843.) — *Recherches sur la digestion et l'assimilation des corps gras.* (*Annuaire de thérapeutique*, 1845.) — *De la digestion des matières féculentes et sucrées, et du rôle que ces substances jouent dans la nutrition.* (Supplément à l'*Annuaire de thérapeutique* de 1846, p. 81.) — *Des fonctions du pancréas et de son influence sur la digestion des féculents.* (Supplément à l'*Annuaire de thérapeutique* de 1846, p. 139.) — *Digestion des boissons alcooliques et leur rôle dans la nutrition.* (*Annuaire de thérapeutique* pour 1847, p. 269.) — *Des fonctions des pneumo-gastriques dans la digestion.* (*Annuaire de thérapeutique* pour 1848, p. 269.) — Bouchardat, *Sur la digestion du ver à soie.* (*Répertoire de pharmacie*, t. VII.)

corps; puis on a étudié les principales réactions qui donnaient naissance à ces principes immédiats[1].

MATÉRIAUX ALIMENTAIRES INORGANIQUES.

Les matériaux alimentaires inorganiques jouent un rôle considérable dans l'alimentation. Nous choisirons dans ce sujet immense les trois questions sur lesquelles les progrès les plus décisifs ont été réalisés depuis vingt ans : ce sont celles des *eaux potables*, des *phosphates* et du *sel marin*.

Eau potable. — Par la grande proportion qu'on en ingère, l'eau potable doit avoir une influence considérable sur l'organisme humain quand elle contient quelque substance nuisible. On a dit, et dans certaines conditions cela n'est pas sans fondement, que l'on pouvait juger de la qualité des eaux potables d'après la beauté des populations.

La composition chimique des principales eaux potables de France est aujourd'hui assez bien connue. Les résultats de ces études sont consignés dans un ouvrage qui fera époque dans cette branche de nos connaissances, c'est l'*Annuaire des eaux de la France*[2]. Mais si la chimie a fait beaucoup pour nous instruire sur la composition des matériaux inorganiques des eaux, elle a fait bien peu de chose pour nous éclairer sur les causes de la nocuité de quelques-unes d'entre elles. Nous avons eu trop souvent à glorifier les immenses services que la chimie a rendus et peut rendre à la physiologie et à la médecine, pour qu'il ne nous soit pas permis de montrer son

[1] Bouchardat, *Cours d'hygiène professé à la faculté de médecine depuis 1852*.

[2] *Annuaire des eaux de la France*, publié par ordre du ministre de l'agriculture et du commerce, M. Dumas, et rédigé par une commission spéciale, composée de MM. Héricart de Thury, président; Orfila, vice-président; Becquerel, Bouchardat, Boutron, Chevallier, Dubois (d'Amiens), O. Henry, Milne-Edwards, Patissier, Payen, Ch. Sainte-Claire-Deville, secrétaire; Paris, Imprimerie impériale, 1851-1854, 1 vol. in-4° en 3 fascicules.

impuissance quand elle existe, et pour ne pas dire : Dans cette question des eaux potables, ne nous en rapportons pas uniquement à la chimie, ne négligeons pas la méthode qui n'a cessé, depuis Hippocrate, de diriger nos maîtres dans la recherche de la vérité, l'observation.

Plusieurs maladies ont été attribuées à l'usage habituel de certaines eaux; mais pour aucune de ces maladies la démonstration n'a été plus nette que pour les formes caractéristiques du goître endémique. Mentionnons encore, mais avec plus de réserve, les boutons d'Alep et de Biskra [1].

Quand on a recherché quelles étaient les matières qui dans ces eaux devaient être incriminées, on est arrivé, après un examen aussi minutieux qu'attentif, à innocenter les matériaux inorganiques qu'elles renferment, car ils ne s'y trouvent jamais en quantité suf-

[1] Boussingault, *Recherches sur la cause qui produit le goître dans les Cordilières de la Nouvelle-Espagne.* (*Annales de chimie et de physique*, t. XLVIII, p. 41.) — *Rapport de la commission nommée par le roi de Sardaigne pour étudier le goître et le crétinisme*, Turin, 1848, in-4° avec planches. — Grange, différentes communications en 1848, 1849, 1850, dans les *Comptes rendus de l'Académie des sciences* et dans le tome I des *Archives des missions scientifiques.* — Morétin, *Du goître endémique.* (*Thèses de la faculté de Paris.*) — Ferrus, *Mémoire sur le goître et le crétinisme.* (*Bulletin de l'Académie de médecine*, t. XVI.) — *Discussion sur ce Mémoire*, par Bouchardat; mais voyez plutôt, du même, le *Mémoire sur les eaux potables.* (*Annuaire de thérapeutique*, 1863.) — Gosse, *De l'étiologie du goître et du crétinisme*, Genève, 1853. — Chatin, différentes communications dans le *Bulletin de l'Académie de médecine*, t. XVI, dans les *Comptes rendus de l'Académie des sciences*, 1851-1853, etc. et *Archives des missions scientifiques*, t. III. — Tourdes, *Du goître à Strasbourg*, Strasbourg, 1854, in-8°. — Niepce, *Traité du goître et du crétinisme*, Paris, 1851-1852, 2 vol. in-8°. — Fabre, *Goître et crétinisme*, Paris, 1857, in-8°. — Boudin, *Goître, crétinisme, surdi-mutité.* (*Annales d'hygiène*, 1857.) — Plus un grand nombre de *Thèses* de nos trois facultés, et de *Dissertations sur le goître et le crétinisme.* — Saint-Lager, *Études sur les causes du goître et du crétinisme*, Paris, 1867, in-8°. — Willemin, *Du bouton d'Alep*, Paris, 1854, in-8°, figures. — Poggioli, *Bouton de Biskra.* (*Thèses de la faculté de Paris*, 1847.) — Plusieurs *Mémoires* des médecins militaires *sur les boutons des oasis du Saharah algérien;* imprimés dans le *Recueil de Mémoires de médecine, de chirurgie et de pharmacie militaires.*

fisante pour modifier considérablement leur saveur; quand ils y existent en proportion assez élevée pour leur donner une sapidité prononcée, on ne les range plus parmi les eaux potables. Par toutes les voies nous sommes invinciblement conduits à incriminer les matières organiques, quand il s'agit des eaux potables altérant la santé de l'homme.

Ces eaux peuvent servir de véhicule aux matières organiques les plus diverses par leur nature et par leur composition. Le plus souvent, et il faut le dire tout d'abord, ces matières organiques sont complétement inoffensives; mais il peut arriver que, dans certaines conditions, elles soient nuisibles. Nous allons rappeler ici ces principales conditions.

Les eaux potables contiennent des substances organiques en dissolution ou en suspension; parmi ces dernières il faut distinguer les matières organisées mortes et les matières organisées vivantes. Parmi celles-ci il faut tout d'abord penser aux infusoires de toute nature, puis aux spores de végétaux, aux œufs qui donnent naissance aux parasites divers de l'homme ou des animaux.

Parmi les substances qui peuvent être nuisibles, les eaux potables doivent contenir les miasmes spécifiques du typhus, de la fièvre typhoïde, du choléra, des fièvres éruptives, etc. puis les effluves des marais. Parmi ceux-ci il faut surtout mettre en cause, lorsqu'il s'agit de l'étiologie du goître, les effluves ou ferments qui se produisent par la décomposition de certaines matières végétales, sous l'influence de l'eau renfermant les sels qui se rencontrent dans les terrains dolomitiques. Ces eaux contenant ces ferments peuvent s'infiltrer dans le sol et alimenter des sources d'eaux limpides et agréables au goût. On voit combien est complexe et difficile la question des matières organiques contenues dans les eaux potables[1].

Si tous les problèmes qui peuvent se présenter à propos des eaux potables n'ont pas été résolus, au moins depuis quelques

[1] Bouchardat, *Mémoire sur les eaux potables.* (*Annuaire de thérapeutique,* 1863.)

années les difficultés ont été signalées et les problèmes nettement posés.

Nous avons déjà indiqué les principaux mémoires qui se rapportent à l'influence des eaux potables sur la production du goître endémique et du bouton d'Alep ou de Biskra; il nous reste à donner l'indication bibliographique de l'hygiène des eaux [1].

[1] A. Guérard, *Du choix et de la distribution des eaux dans une ville.* (*Thèses de concours,* 1852, in-8°.) — Poggiale, *Recherches sur les eaux des casernes, des forts, des postes-casernes, des fortifications de la ville de Paris.* (*Recueil de Mém. mil.* 2ᵉ série, t. XI, p. 334; 1853.) — *Recherches sur la composition de l'eau de la Seine à diverses époques de l'année.* (*Rec. de Mém. mil.* 2ᵉ série, t. XVI, p. 421; 1856.) — Fauré, *Analyse chimique des eaux du département de la Gironde,* Bordeaux, 1853, in-8°. — Mille, *Rapport* (au préfet de la Seine) *sur le mode d'assainissement des villes en Angleterre et en Écosse,* Paris, 1854, in-4°. — Boudin, *Études sur l'eau en général et sur les eaux potables en particulier.* (*Ann. d'hyg.* 2ᵉ série, t. I, p. 102; 1854.) — Boutron et Boudet, *Recherches sur les eaux potables.* (*Journal de pharmacie et de chimie,* 1854.) — *Hydrotimétrie, nouvelle méthode pour déterminer les proportions de matières en dissolution dans les eaux de sources et de rivières,* Paris, 1856, grand in-8°. — Péligot, *Études sur la composition des eaux.* (*Ann. de chimie,* 3ᵉ série, t. XLIV, p. 257; 1855.) — Haussmann, *Mémoire sur les eaux de Paris,* présenté par M. le préfet de la Seine au conseil municipal, Paris, 1854. — *Second Mémoire sur les eaux de Paris,* présenté par M. le préfet de la Seine au conseil municipal, Paris, 1859. — E. Marchand, *Des eaux potables en général, considérées dans leur constitution physique et chimique,* etc. (*Mém. de l'Académie de méd.* t. XIX, p. 121; 1855.) — Darcy, *Les fontaines publiques de la ville de Dijon, exposition et application des principes à suivre et des formules,* etc. 28 pl. Paris, 1856, in-4°. — Lévy, *Analyse des eaux de Strasbourg et de Phalsbourg.* (*Recueil de Mém. de méd. mil.* 2ᵉ série, t. XXII, p. 362; 1858.) — Grellois, *Études hygiéniques sur les eaux potables.* (*Rec. de Mém. de méd. mil.* 3ᵉ série, t. II, p. 120; 1859.) — Commaille et Lambert, *Recherches sur les eaux potables et minérales du bassin de Rome.* (*Ann. de la Société d'hydrologie,* t. VI, p. 499; 1860.) — Robinet, *Rapport* (au préfet de la Seine) *de la commission d'enquête administrative chargée d'examiner le projet de dérivation des sources de la Dhuis,* Paris, 1861, grand in-4°. — *Lettre à un conseiller d'État pour servir de réponse aux adversaires des projets de la ville de Paris,* Paris, 1862, grand in-8°. — Boudet, *Rapport* (au préfet de police) *sur la salubrité de l'eau de la Seine entre le pont d'Ivry et Saint-Ouen, considérée comme eau potable,* 1 tab. Paris, 1861, in-4°. — Bouchut, *De l'emmagasinement et de la salubrité des eaux de Paris.* (*Gazette des hôpitaux,* 1861, p. 281-285.) — O. Chevillon, *Note sur un moyen d'appro-*

Phosphate de chaux. — Les phosphates, et en particulier les phosphates de potasse, de soude, de magnésie, et surtout celui de chaux, jouent un rôle important dans les phénomènes de la vie de tous les êtres organisés; ce rôle a surtout été bien compris depuis quelques années. On trouve dans les os de tous les animaux des phosphates de chaux et de magnésie; ces sels en constituent la matière minérale. On les rencontre encore dans le sang, dans le lait et dans tous les autres liquides ou solides de l'économie.

Le phosphore est relativement très-rare dans la nature inorganique. Nos terres arables ne contiennent le plus souvent que de très-petites quantités de phosphate de chaux. Les eaux courantes en renferment si peu que bien des chimistes n'en signalent pas l'existence dans leurs analyses, et cependant c'est en dissolution dans ces eaux que les plantes absorbent le phosphate par leurs spongioles; elles le fixent d'abord dans leurs tiges, dans leurs feuilles, pour le concentrer définitivement dans les graines, dont il constitue presque exclusivement la matière minérale[1]. C'est dans ces graines que les animaux le trouvent surtout pour les besoins de leur organisation; ils le rendent à la terre sous forme d'engrais, pour que les graines le concentrent de nouveau. C'est ainsi que des quantités de phosphate, relativement petites par rapport aux autres matières qui entrent dans la composition du globe, interviennent presque constamment dans les phénomènes de l'organisation et de la vie.

visionner Paris d'une eau potable, salubre, abondante, au moyen d'un drainage pratiqué dans le lit de la Seine. (*Comptes rendus de l'Acad. des sciences*, t. LIII, p. 104; 1861.) — E. Rousset, *Étude chimique des eaux potables de la ville de Montpellier*, Montpellier, 1862, in-8°. — A. Dumont, *Les eaux de Lyon et de Paris, description des travaux exécutés à Lyon pour la distribution des eaux du Rhône filtrées*, etc. atlas de 25 pl. Paris, 1862. in-4°. — Discussion à l'Académie de médecine sur les eaux potables, *discours* de MM. Poggiale, Jolly, Briquet, Robinet, Bouchardat, Chatin, etc. (*Bull. de l'Acad. de méd.* t. XXVIII, 1862-1863.)

[1] Berthier, *Analyse des cendres des graines et principales matières alimentaires végétales.* (*Mémoires de la Société centrale d'agriculture* pour 1852.) — Bouchardat, *Phosphates comme engrais.* (*Opuscules d'économie rurale*, 1852, p. 3.)

Sel marin. — Le rôle du sel marin dans l'alimentation a été fixé par des expériences physiologiques et des observations hygiéniques qui n'offrent plus matière à controverse. Le sel marin est une des substances minérales les plus répandues; il intervient dans l'alimentation de tous les peuples; les régimes monastiques les plus sévères n'ont pu l'écarter. Il est d'autant plus nécessaire que l'alimentation est pauvre. Quand le sel est rare, comme dans certaines contrées de l'Afrique centrale, il devient la représentation la plus nette de l'aisance. Le sel est à la fois un aliment et un condiment. La preuve qu'il est un aliment, c'est qu'il est indispensable, en quantité déterminée, à l'organisation humaine. Les cendres du sang contiennent de 50 à 60 pour 100 de sel[1], tandis que les cendres des aliments n'en renferment en moyenne que de 5 à 10 pour 100. Les herbivores ingèrent avec les plantes un excès de sels de potasse sur ceux de soude, et ce sont ces derniers qui sont fixés dans le sang; la potasse est éliminée par les reins ou fixée dans les muscles à l'état de chlorure de potassium.

Les sels de soude, comparés aux sels de potasse, sont relativement inoffensifs; voilà pourquoi le sang peut contenir une quantité plus élevée de sel marin, qui augmente sa densité et favorise ainsi les phénomènes de l'absorption et la conservation des globules du sang[2].

Nous prenons, par le fait de l'habitude, beaucoup plus de sel qu'il n'est utile pour réparer les pertes, mais ce sel en excès agit comme condiment; il fait accepter sans répugnance des aliments insipides.

Les animaux, les hommes privés de sel le recherchent avec avidité; les femelles des animaux soumises à une alimentation dans laquelle le sel fait complétement défaut deviennent rapidement inféconds.

[1] Liebig, *Lettres sur la chimie.* — [2] Bouchardat, *Opuscules d'économie rurale,* in-8°, p. 18; 1851.

MATÉRIAUX ALIMENTAIRES DE LA CALORIFICATION.

Le rôle de ces principes immédiats dans l'alimentation a été mis en évidence par un grand nombre d'expériences et d'observations. Les matériaux alimentaires de la calorification sont les sucres ou les produits qui en fournissent, comme les féculents, puis les corps gras et les alcooliques. Ces derniers sont rangés parmi les modificateurs hygiéniques du système nerveux et étudiés dans ce groupe. Les relations qui existent entre ces divers principes immédiats sont aujourd'hui bien démontrées. L'alcool dérive des sucres. La glycose ou le sucre, qui joue le plus grand rôle dans la nutrition, dérive, pour la plus grande partie, des féculents; les graisses se forment dans l'économie vivante par la transformation de la glycose. Tous les principes immédiats qui sont rangés dans le groupe des matériaux de la calorification ne sont point transformés en aliments plastiques; les animaux qui en consomment exclusivement meurent en présentant le phénomène caractéristique de la privation d'aliments protéiques, la perforation de la cornée. Ils disparaissent sous la forme définitive d'eau et d'acide carbonique, en fournissant la chaleur indispensable aux animaux à sang chaud.

Corps gras. — Si le commencement de ce siècle a vu s'exécuter les mémorables expériences qui ont fondé la chimie des corps gras[1], on a de notre temps exécuté les expériences qui ont nettement démontré le mode de digestion de ces principes immédiats et leur rôle dans la nutrition. L'emploi hygiénique de l'huile de foie de morue, sagement dirigé, est une des plus heureuses conquêtes de la thérapeutique hygiénique.

Les *féculents*, les *sucres divers*, l'*inuline*, la *lactine*, les *miels*, sont compris dans la deuxième série des matériaux de la calorification.

[1] Chevreul, *Chimie des corps gras*, 1 vol. in-8°.

Des expériences et des observations très-nombreuses ont été exécutées dans ces dernières années pour découvrir les transformations que subissent ces principes immédiats dans le grand acte de la nutrition; ces recherches se rattachent à l'étiologie et à la prophylaxie de la glycosurie; elles touchent par un point important à son traitement hygiénique.

La force qui unit les éléments de ces principes immédiats ternaires cède à des efforts en apparence très-faibles. Dans l'économie vivante, ils se transforment ou se dédoublent sous l'influence de ferments et dans des conditions variées. Ils forment la plus grande part de l'aliment de calorification des régions méridionales. Ils produisent une chaleur modérée par le fait de leur destruction. L'hydrogène dans ces substances est en rapport avec l'oxygène pour former de l'eau, et ne produit point de chaleur ou de force. L'exercice est moins nécessaire pour brûler ces principes immédiats dans l'économie que pour détruire les corps gras; mais leur combustion produit un effet utile moindre.

MATÉRIAUX ALIMENTAIRES PLASTIQUES.

Les principaux matériaux alimentaires plastiques sont : la fibrine, la caséine, l'albumine, végétales ou animales, la gélatine, etc.[1] Les travaux de la commission dite *de la gélatine* avaient, il y a trente ans, vivement éclairé les questions qui se rapportaient au rôle de ces substances dans l'alimentation. Dans les vingt années qui viennent de s'écouler, de nombreuses expériences ont été exécutées, qui ont singulièrement agrandi nos connaissances sur les phénomènes de la digestion de ces substances et sur leur rôle hygié-

[1] Mulder, *De la protéine et de ses produits d'oxydation.* (*Journal des connaissances médicales,* 1843-1844. — *Bulletin pharmaceutique,* p. 36.) — Bouchardat, *Fibrine, gluten, caséum, albumine.* (*J. des connaiss. médic.* 1843-1844. — *Bullet. pharm.* p. 33.) — Bouchardat, *Mémoire sur le pouvoir moléculaire rotatoire de l'albumine et des matières albumineuses.* (*Répertoire de pharmacie,* décembre 1848, t. V, p. 165.)

nique. On a pu se procurer du suc gastrique pur et en grande abondance; les recherches sur ce liquide digestif si important ont été complétées. On a étudié les modifications moléculaires que les plus répandus des principes immédiats azotés éprouvent sous l'influence des divers liquides digestifs; leurs voies d'absorption ont été nettement déterminées. Aujourd'hui tout le monde est fixé sur la valeur alimentaire de la gélatine et sur celle des tissus qui lui donnent naissance.

ALIMENT COMPLET.

Les études se rapportant à l'aliment complet sont les plus importantes parmi celles qu'on aborde en diététique; elles ont fait dans ces dernières années de remarquables progrès. L'aliment complet est formé par la réunion des trois ordres de matériaux alimentaires en qualité et en quantité convenables pour réparer les pertes et pourvoir à tous les besoins de l'organisme. Pour toutes les conditions d'âge, de dépense de forces, etc. existe-t-il un aliment complet qui soit toujours le même? Évidemment non; il varie selon les pertes et selon les conditions où l'on est placé. Il y a quelques années, on a cherché à régler le régime ou à déterminer l'aliment complet d'après les pertes journalières en azote et en acide carbonique. On a fixé ainsi la teneur en azote et en carbone des aliments qui interviennent dans un régime pour vingt-quatre heures. Cette règle est vraie à la limite, mais elle présente des exceptions sur lesquelles nous reviendrons.

Parmi les produits naturels, le lait de femme est le seul aliment qu'on puisse regarder comme complet pour les premiers mois de la vie; le lait des divers animaux s'en rapproche beaucoup sous le point de vue du rôle qu'il remplit. Aussi l'étude de ce liquide alimentaire présente-t-elle le plus grand intérêt. On avait cru que l'œuf des oiseaux pouvait être considéré comme un aliment complet; mais l'examen des divers matériaux qui le composent nous a bientôt montré que les principes immédiats de la calorification s'y trouvaient en quantité insuffisante. La chaleur fournie par la mère remplace ce déficit pendant le temps de l'incubation.

Du lait. — Le lait est l'aliment normal du jeune mammifère, le seul complet pour lui. Envisagée à plusieurs points de vue, son étude approfondie est des plus intéressantes et a reçu, dans ces dernières années, de curieux développements. C'est un problème des plus instructifs que celui qui a consisté à rattacher à la composition du lait la constitution de nos organes. Cet examen a éclairé d'un jour inattendu la théorie de l'alimentation et nous a donné des notions très-nettes sur les conditions auxquelles doit satisfaire un aliment complet.

Énumération des substances jusqu'ici découvertes dans le lait.

Voici la liste des substances que, à l'aide de l'analyse chimique la plus perfectionnée, on est jusqu'ici parvenu à extraire du lait :

La réunion des matières suivantes constitue le beurre :

Oléine,
Butyrine,
Caproïne,
Capryline,
Caprine,
Myristicine,
Palmitine,
Stéarine,
Butine,
Lécithine ou matière grasse phosphorée.

Les quatre matières suivantes avaient été considérées comme un corps unique désigné sous le nom de *caséum* :

Matière albuminoïde,
Caséum en suspension,
Caséum dissous,
Albuminose.

Puis viennent le principe immédiat du groupe des sucres et les matériaux inorganiques :

Lactine,
Phosphate de chaux,
Phosphate de magnésie,
Phosphate de potasse,
Phosphate de fer,
Phosphate de manganèse,
Phosphate de soude,
Chlorure de sodium,
Chlorure de potassium,
Soude combinée, soit avec le caséum, soit avec quelque acide organique,
Sels à base de potasse,
Sels à base d'ammoniaque,
Silicates,
Fluorures,
Soufre,
Iode,
Urée,
Eau.

Cette liste comprend un grand nombre de matériaux alimentaires différents. En ne s'attachant qu'aux principes immédiats, qui ne se trouvent qu'en très-petite quantité, l'analyse du lait promet encore de nouvelles découvertes. Il faut qu'on trouve dans ce liquide tout ce qui existe dans le corps de l'homme ou tout ce qui peut donner naissance par des transformations aux matériaux en si grand nombre qui le composent.

Nous allons maintenant grouper les principes immédiats du lait en les rangeant par ordre des trois grands besoins auxquels doit pourvoir tout aliment complet pour l'homme.

		Vache.	Ânesse.	Femme.
1. Aliments de calorification :	Beurre....	38 59	13 72	20 76
	Lactine....	50 00	66 56	73 60

		Vache.	Ânesse.	Femme.
2. Aliments plastiques :	Caséine... Albumine.	37 72	21 00	14 00
3. Aliments inorganiques :	Sels......	7 00	5 00	1 80
	Eau......	866 69	893 62	889 84
Parties solides............		133 31	106 38	110 16
Densité.................		1,033 88	1,034 09	1,031 04

Dans le groupe des matériaux de la calorification, nous trouvons la lactine et le beurre. Il existe une corrélation très-remarquable entre ces deux principes. Quand le chiffre de la lactine s'abaisse, celui du beurre s'élève et réciproquement. Ils sont, en effet, destinés à pourvoir au même besoin.

Eu égard à la quantité de matériaux fixes qui entrent dans la composition du lait, la proportion des principes immédiats de la calorification est très-considérable; elle s'élève en effet pour le lait de la femme à 94 grammes sur 110. Le besoin le plus urgent pour le nouveau-né n'est-il pas de conserver sa chaleur?

Les aliments plastiques ou réparateurs du lait, la caséine et l'albumine, se transforment en chair, en organes; ils donnent naissance à l'albumine, à la fibrine, aux globules du sang, aux tissus à gélatine, etc. Leur caractère organique fondamental c'est d'être difficiles à détruire (les enfants allaités produisent peu d'urée). Ces matériaux sont essentiellement favorables à l'accroissement; malgré leur faible proportion, 14 grammes sur 110 pour le lait de la femme, ils remplissent des rôles plus importants chez le nouveau-né que chez l'adulte; ils doivent non-seulement pourvoir à la dépense, mais aussi à l'accroissement du jeune. On ne saurait trop admirer la grandeur des effets produits avec un si petit nombre de matériaux.

La quantité d'eau contenue dans le lait offre des chiffres très-voisins pour les divers animaux. Pour 1,000 grammes, 867 pour la vache, 894 pour l'ânesse et 890 pour la femme. Cette quantité si rapprochée indique le rapport utile des aliments solides et des aliments liquides dans les régimes.

Les matériaux inorganiques fixes nous offrent deux points importants à considérer : le premier, c'est la question de quantité, et le second, c'est leur complexité. La proportion des matériaux fixes inorganiques est relativement faible dans le lait; mais si nous nous en rapportons aux résultats connus, nous y découvrons une loi des plus remarquables. La proportion des matériaux inorganiques fixes du lait serait d'autant plus élevée que la croissance du jeune serait plus rapide. Il suffit de jeter les yeux sur le tableau donnant l'énumération des principes immédiats contenus dans le lait pour voir combien sont nombreux les sels inorganiques qui interviennent dans ce liquide alimentaire. On y remarque le chlorure de sodium, indispensable à la constitution du sang, à côté du chlorure de potassium, qu'on observe dans la composition du muscle. Le phosphate de chaux, qui doit former la base des os du jeune, s'y trouve dans des quantités relativement élevées; par contre, le fer, qui est indispensable à la constitution du globule sanguin, ne s'y rencontre que dans une proportion infiniment petite.

Parmi les principes immédiats du lait, on a signalé l'urée [1], qui est le principe immédiat dominant de l'urine. Ceci donne à penser que le lait peut contenir aussi des quantités infiniment petites des autres produits d'excrétion solubles dans l'eau.

On a étudié avec soin les variations de composition du lait suivant l'animal, les époques de la traite et du part, suivant les différents genres d'alimentation [2]. On a exécuté des expériences nombreuses sur les altérations spontanées et provoquées du lait, sur sa conservation; un grand nombre de ces points de son histoire ont été ainsi élucidés. La chimie légale du lait a pour ainsi dire été créée; les essais qui conduisent, soit à la présomption, soit à la certitude

[1] Bouchardat et Quevenne, *Du lait*, in-8°, Paris, 1857, 2e fascicule, p. 51.

[2] E. Mackray, *Empoisonnement par du lait de chèvres qui avaient mangé de l'*Euphorbia helioscopia. (*Annales d'hygiène*, octobre 1862.)

de la falsification ont été décrits avec tous les détails nécessaires. Les phénomènes si curieux et si importants de la digestion du lait ont été étudiés avec le plus grand soin; enfin les indications et les contre-indications du lait, dans différentes maladies, ont été posées avec la plus grande netteté. Les questions si complexes qui se rattachent au choix des nourrices, aux déplorables abus de l'industrie des nourrices dans plusieurs départements, ont été développées avec autant de science que d'élévation, dans plusieurs des séances de l'Académie impériale, en 1866 et 1867[1].

ALIMENTS COMPLEXES.

La plupart des produits destinés à l'alimentation sont composés de plusieurs principes immédiats propres à réparer les pertes de l'organisme, d'où le nom d'*aliments complexes;* mais toujours ils ont besoin d'addition, variable suivant leur nature, pour constituer un aliment complet[2]. Voici les trois grandes divisions sous lesquelles nous allons ranger les aliments complexes : 1° aliments fournis par le règne animal; 2° aliments fournis par le règne végétal; 3° ali-

[1] Royer-Collard, *Du lait et de l'allaitement.* (*Gaz. méd. de Paris,* 3e série, t. IV, p. 457; 1849.) — Doyère, *Étude du lait au point de vue économique et physiologique,* Paris, 1852. — Champouillon, *Du lait consommé dans la ville de Paris.* (*Gazette des hôp.* 1853.) — M. Vernois et A. Becquerel, *Du lait chez la femme dans l'état de santé et dans l'état de maladie,* mémoire suivi de *Nouvelles Recherches,* etc. (*Annal. d'hyg.* 1re série, t. XLIX, p. 257, et t. L, p. 43; 1853.) — Reveil, *Du lait.* (*Thèse de concours,* 1856, in-4°.) — Bouchardat et Quevenne, *Du lait,* 1er fasc. — *Instruction sur l'essai de l'analyse du lait,* 2e fasc. — *Du lait de femme, d'ânesse, de chèvre,* etc. Paris, 1857, in-8°. — L. A. Adrian, *Recherches sur le lait au point de vue de sa composition, de son analyse et de ses falsifications, et surtout de l'approvisionnement de Paris.* (*Th. de l'École de pharmacie,* Paris, 1859, in-4°.) — *Du lait au point de vue de son commerce à Paris, des procédés,* etc. Paris, 1860, in-8°.

[2] A. Payen, *Précis théorique et pratique des substances alimentaires et des moyens de les améliorer, de les conserver et d'en reconnaître les altérations,* 1 vol. in-8°, 4e édit. Paris, 1864. — Chevallier, *Traité des falsifications,* etc. 3e édit. Paris, 2 vol. in-8°.

ments remarquables par une action spécifique sur le système nerveux.

Alimentation animale.

Les expériences exécutées sur la composition immédiate des divers organes des animaux [1], sur les transformations de ces principes immédiats, ont éclairé d'une vive lumière la théorie de l'alimentation animale. Les différentes conditions qui doivent en régler les quantités ont été déterminées par de nombreuses observations. Les faits bien étudiés nous montrent que cette alimentation, quand elle est exclusive, ne s'adapte point à l'organisation de l'homme. Tous les animaux, excepté un petit nombre qui sont vénéneux, comme les cantharides, peuvent être considérés comme alimentaires : voilà la grande loi hygiénique de l'alimentation animale. Ajoutons que les organes de la locomotion sont préférables sous le double rapport de l'innocuité et de la saveur agréable. Chez beaucoup d'animaux, on doit rejeter les organes d'excrétion et en particulier les reins et le foie; cette règle s'applique surtout aux carnivores.

En hygiène, on divise les animaux en deux grandes classes : les animaux à *sang froid* et les animaux à *sang chaud*.

Les accidents variés qui peuvent survenir par suite de l'ingestion, dans des circonstances déterminées, de moules, d'écrevisses, ont été étudiés par de nombreux observateurs[2]. L'histoire des poissons, envisagés au point de vue de l'alimentation, a été enrichie de faits nombreux. On a rangé les poissons en quatre classes, d'après leurs qualités alimentaires. Dans la première classe sont les

[1] Chevreul, *Composition du bouillon.* (*Mém. de la Soc. centrale d'agriculture* pour 1852.) — J. Liebig, *Sur les principes de la chair musculaire.* (*Annales de chimie et de physique*, 3e série, t. XXXIII, p. 129.) — Plusieurs *Mémoires* de M. Scherer et des élèves de M. J. Liebig.

[2] Chevallier et A. Duchesne, *Sur les empoisonnements par les huîtres, les moules, les crabes.* (*Annales d'hygiène*, t. XLV, p. 347, et t. LVI, p. 108.) — Broekers, *Empoisonnement par les crevettes.* (*Journal de chimie méd.* 1852.) — Bouchardat, *Rapport au conseil d'hygiène sur des crevettes colorées avec du minium.* (*Répertoire de pharmacie*, t. XVIII, p. 143; sept. 1861.)

poissons à chair blanche, modérément grasse, et d'une assimilation facile, qui sont recherchés par les gourmets et qui nous intéressent surtout, parce qu'ils offrent aux souffreteux, aux convalescents, des mets précieux. Dans la deuxième classe sont les poissons à chair plus ferme et quelquefois colorée : ce sont eux qui constituent une grande ressource alimentaire. Dans la troisième sont des poissons dont la chair est entourée de graisse et qui déterminent quelquefois des indigestions quand ils sont pris en trop grande quantité et que la mastication n'est pas suffisante. Les études nouvelles sur les différentes digestions donnent une explication très-simple de cette anomalie. Dans la quatrième classe on range les poissons qui sont quelquefois vénéneux. C'est surtout dans les mers intertropicales qu'on observe les empoisonnements par les poissons. Les symptômes de ces empoisonnements ont été décrits avec soin par plusieurs médecins habiles de l'armée navale; ils nous ont fait connaître les espèces dangereuses, les conditions dans lesquelles elles le deviennent. Depuis quelques années cette partie de la pathologie alimentaire a fait de notables progrès[1]. En France nous n'avons pas de poissons vénéneux; on rapporte, de temps à autre, des accidents déterminés par les œufs de gros barbeaux ou brochets.

La valeur nutritive des poissons, leur rôle dans l'alimentation des peuples, l'influence qu'elle peut avoir quand elle devient dominante ou exclusive : voilà des questions qui ont été discutées avec beaucoup de sagacité[2].

Les problèmes se rapportant à l'alimentation à l'aide des différentes parties des animaux à sang chaud ont été éclairés par de

[1] Roux de Brignolles, *Des poissons vénéneux*, juillet 1860. — Laluyeaux d'Ormay, *Sur les poissons vénéneux des Saintes*. (Mémoire adressé à l'Académie de médecine en 1858.) — Fonssagrives et Leroy de Méricourt, *Recherches sur les poissons toxicophores des pays chauds*. (*Ann. d'hygiène*, 1861.)

[2] Camille Allard, *Des poissons au point de vue de l'hygiène*. (*Thèses de la faculté de médecine de Paris*, 1853.)

nombreuses recherches, qui ont donné les résultats les plus précis. La composition immédiate des principaux organes des animaux, et particulièrement celle du muscle, a été déterminée avec une grande sagacité[1]. A la découverte de la créatine est venue s'ajouter celle de la créatinine, de l'inosite, de l'acide inosique, de la glycose animale, etc. On peut prévoir, d'après cet exposé rapide, combien un morceau de chair doit contenir de matériaux alimentaires différents; on comprend alors comment la viande crue, qui est un aliment beaucoup plus complet que la viande cuite, peut être si utile aux jeunes enfants victimes d'un sevrage prématuré et aux malades épuisés par les différentes formes de consomption.

Les phénomènes de la digestion et de l'assimilation de la viande ont été étudiés avec le plus grand soin; son rôle dans l'alimentation des peuples a été apprécié en s'appuyant sur de nombreuses et concordantes observations. Son utilité, en quantité suffisante, pour le travailleur qui dépense beaucoup de force a été établie par des faits incontestables.

La statistique nous a montré que, toutes choses égales, la consommation de la viande était en rapport avec l'activité des travaux publics. Elle a mis en lumière l'insuffisance de cet aliment de la force dans le régime habituel des habitants des campagnes. D'un autre côté, les études de pathologie et d'hygiène nous ont fait connaître les inconvénients de l'usage exclusif ou même excessif de l'alimentation animale.

Les études sur la composition immédiate du muscle nous ont permis de bien connaître et de régler les préparations diverses auxquelles on soumet la viande. La composition du bouillon[2], son rôle à l'état de santé, de maladie et de convalescence ont été appréciés avec autant de rigueur que d'utilité.

L'importance de la cuisson de la viande, et en particulier de celle de porc, a été démontrée par le fait de la destruction des

[1] J. Liebig, *loc. cit.*

[2] Chevreul, *Composition du bouillon.* (*Mémoires de la Société centrale d'agriculture* pour 1852.)

trichina spiralis et des cysticerques, générateurs des *ténias*. Cette même cuisson a pour effet de détruire la spécificité de ferments divers qui, dans bien des conditions, peuvent devenir cause des maladies.

Les questions qui se rapportent à la conservation des viandes par la salure, le boucanage, le procédé d'Appert, etc. ont été éclairées de vives lumières par les observations physiologiques modernes. Il est bien établi aujourd'hui que ces procédés divers ont pour résultat et pour but de détruire la vitalité de ces infusoires microscopiques, véritables moteurs des fermentations putrides.

Les principales causes d'altération des viandes sont aujourd'hui connues[1] : elles se rapportent à leur putréfaction, à leur envahissement par des parasites, ou animaux ou végétaux, à l'emploi de la chair d'animaux trop jeunes ou de bêtes atteintes de maladies. Les affections du gros bétail ont été sous ce rapport soumises à de sérieuses investigations. Nous citerons surtout, parmi les maladies inoculables, la peste bovine, la péripneumonie épizootique, les affections charbonneuses. Malgré les observations intéressantes qui ont démontré que la coction suffisante éloignait le danger, on a écarté de l'alimentation de l'homme la viande de ces animaux malades et surtout de ceux atteints d'affections charbonneuses, car les bouchers qui les dépècent sont exposés à de sérieux dangers d'inoculation.

L'existence des bactérides dans le sang des animaux atteints d'affections charbonneuses[2] est un fait d'une haute importance et

[1] Renault, *Effets de l'ingestion des matières virulentes.* (*Comptes rendus de l'Acad. des sciences,* 1851.) — Delpech, *De la ladrerie du porc au point de vue de l'hygiène.* (*Bulletin de l'Acad. de méd.* 1862-1863. — *Annal. d'hyg.* janvier 1866.) — Guardia, *De la ladrerie du porc dans l'antiquité.* (*Annales d'hygiène,* avril 1865, p. 421.) — Rud. Virchow, *Des trichines,* in-8°, Paris, 1864. — Delpech et Reynal, *Des trichines.* (*Bull. de l'Acad. de méd.* 1866-1867.) — Pietra-Santa, *Des trichines.* (*Ann. d'hyg.* janvier 1864.) — Boulley, *De la peste bovine.* (*Annal. d'hyg.* avril 1847.)

[2] Davaine, *Bactérides dans les affections charbonneuses.* (*Comptes rendus de l'Acad. des sciences,* 1865-1866.)

qui contribue à expliquer l'utilité de la coction pour éloigner les chances de danger lorsque l'on consomme des viandes d'animaux en proie aux maladies charbonneuses.

Aliments fournis par le règne végétal.

On divise les aliments fournis par le règne végétal en trois groupes : 1° les aliments proprement dits; 2° les modificateurs du système nerveux; 3° les condiments.

1° Aliments proprement dits. — La classification hygiénique des aliments complexes fournis par le règne végétal se confond avec la classification par organes. On range dans une première section les graines et les gemmes, dans une deuxième les fruits, et dans la troisième, les racines, les jeunes pousses, les feuilles, etc. produits réunis sous le nom de *brèdes.*

On a montré que les graines et les gemmes se rapprochaient de l'aliment normal par des caractères d'une grande importance. On a comparé bien à tort les graines à l'œuf; sous le point de vue de l'alimentation, c'est du lait qu'il faut les rapprocher.

Les matières protéiques qu'elles renferment sont : l'albumine, la caséine, la glutine, l'amandine, etc. Les aliments de calorification sont les graisses et les fécules. Les sels sont les phosphates de chaux, de magnésie, de potasse, de fer. Les chlorures et les sels de soude s'y trouvent en proportion trop faible pour les besoins des animaux.

Les graines et les gemmes oléagineuses se rapprochent, par leur composition, du lait des carnivores; les graines et gemmes féculentes jouent le même rôle que le lait des solipèdes.

Parmi les études accomplies sur les graines et gemmes oléagineuses, il faut citer celles qui ont trait au cacao et au souchet comestible.

Les graines féculentes ou les céréales, et les produits qui en dérivent, la farine et le pain, ont été l'objet de recherches nombreuses, couronnées par des résultats pratiques d'une grande importance. La composition des matières minérales qu'elles renferment (presque exclusivement des phosphates) a été déterminée avec une grande précision[1].

Les autres principes immédiats qui les composent, soumis aux investigations des analyses qualitatives et quantitatives, sont aujourd'hui beaucoup mieux connus. Le rôle physiologique et hygiénique des différentes céréales qui interviennent dans l'alimentation de l'homme a été convenablement apprécié. Les différentes préparations qu'on fait subir aux grains pour les convertir en gruaux, couscoussous, farines, ont été étudiées et perfectionnées. Les procédés divers de panification ont été l'objet de nombreuses recherches. On a nettement déterminé les conditions défavorables qui contribuent à altérer le pain des campagnes. D'une quantité donnée de blé on a appris à obtenir la plus grande quantité possible de pain blanc[2].

Les conditions de la conservation des grains ont été déterminées avec beaucoup de soin, et l'on peut dire que le problème de l'ensilage rationnel est aujourd'hui résolu[3].

La question des disettes et des famines, celle du prix du blé dans son rapport avec le mouvement de la population, ont été éclairées par des recherches historiques et statistiques aussi remarquables par leur exactitude que par la précision des résultats auxquels elles ont conduit.

Les altérations des farines et du pain par des graines étrangères, par des matières diverses, par des mucédinées envahissant les graines ou les farines, ou le pain lui-même (*oidium aurantiacum*),

[1] Berthier, *Mémoires de la Société centrale d'agriculture de France* pour 1852.

[2] Mége-Mouriès, *Du froment et du pain de froment.* (*Mémoires de la Société imp. et centr. d'agriculture,* 1860.)

[3] Doyère, *De l'ensilage rationnel,* Paris, 1856, in-8°. — Scoutetten, *Conservation des farines,* Metz, 1859. — Louvet, *Conservation des grains,* Paris, in-8°. — Le maréchal Vaillant, *Conservation des blés,* rapport sur un travail de M. Louvet. (*Annal. d'hyg.* juillet 1865.) — Fonssagrives, *De l'ensilage des blés.* (*Ann. d'hyg.* octobre 1862.)

ont été l'objet d'importantes études. L'histoire des maladies déterminées par l'usage continu de farines avariées, agissant sur des populations en proie à la misère, a été enrichie de documents de la plus haute importance. L'étiologie de l'ergotisme, de l'acrodynie, de la pellagre[1], a reçu de patientes investigations des lumières inattendues. Grâce aux progrès de l'aisance, à la rapidité des moyens de transport, aux perfectionnements introduits dans l'épuration et la mouture des grains, les maladies déterminées par l'usage des céréales avariées tendent à disparaître de notre Europe, où elles ont exercé de si cruels ravages.

La composition des fruits, leur rôle dans l'alimentation, la cure par les raisins, voilà des sujets qui ont été traités avec succès par plusieurs observateurs[2].

Les aliments herbacés, ces produits variés et importants de la culture maraîchère, ont été l'occasion de nombreux travaux, qui intéressent l'hygiène.

Plusieurs plantes utiles ont été acclimatées; la composition immédiate d'un grand nombre de parties végétales a été rigoureusement fixée. Leur mode de digestion et d'utilisation a été éclairé par des expériences comparatives d'une grande valeur; leur utilité dans l'alimentation, dans les cas de santé et de maladie, a été établie d'après de nombreuses observations. Les affections qui résultent pour l'homme de l'emploi exclusif des herbes dans les temps de famine, la lienterie, les hydropisies, suites de privations, sont aujourd'hui parfaitement connues.

La pratique de l'étiolement a été éclairée par de rigoureuses analyses, et enfin la dessiccation et la conservation plus parfaite des

[1] Th. Roussel, *Traité de la pellagre, des pseudo-pellagres*, Paris, 1866, in-8°. — Costallat, *Étiologie et prophylaxie de la pellagre.* (*Ann. d'hyg.* 1860.) — Bouchardat, *Mucédinées parasites des aliments.* (Suppl. à l'*Annuaire de thérap.* en 1861, p. 147.) — H. Gintrac, *Pellagre dans le département de la Gironde,* Bordeaux, in-8°, 1863. — Bouchard, *Nouvelles Recherches sur la pellagre,* Lyon, in-8°, 1862.) — *Traité de la pellagre,* par le docteur E. Billod, Paris, 1865, in-8°.

[2] J. Ch. Herpin, *Médication par les raisins,* Paris, 1860, in-18.

légumes ont assuré à nos marins et à nos soldats dans les campagnes lointaines un complément d'une alimentation réparatrice.

2° Substances employées dans un but hygiénique et agissant spécialement sur le système nerveux. — Ces substances sont les alcooliques, le thé, le café, la coca, le guarana, le thé du Paraguay, et il faut y joindre le tabac, l'opium, le hachich, quand ils interviennent habituellement dans les usages de la vie sans but thérapeutique.

Toutes ces substances modifient à des degrés divers, et souvent d'une manière différente, les fonctions du système nerveux; elles possèdent une action commune qui a été démontrée par un grand nombre d'observations concordantes : elles diminuent le mouvement de la décomposition organique. Sous leur influence, l'homme, toutes choses égales, produit moins d'acide carbonique et d'urée. Les lois hygiéniques générales de l'emploi des modificateurs hygiéniques du système nerveux sont les suivantes : il faut en user avec mesure; l'abus abaisse le niveau des forces. Il faut consacrer à un emploi utile l'excitation encéphalique déterminée par l'usage de ces agents.

Alcooliques et boissons fermentées. — Les études physiologiques, pathologiques et hygiéniques se rapportant à l'influence de l'alcool sur l'homme ont été poursuivies avec une ardeur que légitime l'importance du sujet[1]. On a déterminé rigoureusement les conditions d'absorption de l'alcool étendu, son action sur le sang et les principaux organes, sa conservation dans le cerveau et le foie, ses

[1] Bouchardat et Sandras, *De la digestion des boissons alcooliques et de leur rôle dans la nutrition.* (*Annal. de chimie et de physique,* 3e série, t. XXI, p. 448.) — Huss Magnus, *Alcoolism. chron.* Stockholm, 1852, in-8°. — V. A. Racle, *De l'alcoolisme,* Paris, 1860, in-8°. — Lallemand, Perrin et Duroy, *Études physiologiques sur l'alcool,* Paris, 1860, in-8°. — Bouchardat et H. Junod, *De l'eau-de-vie, ses dangers,* Paris, 1863, in-18. — Perrin, *Influence de l'alcool sur le mouvement de la nutrition.* (*Gaz. hebdomadaire.* — *Gaz. des hôpitaux,* 1864.)

transformations dans l'économie, ses voies diverses d'élimination. Grâce aux travaux récents sur la transformation de la chaleur, on a pu apprécier plus rigoureusement l'influence de l'alcool sur la production de la force. On a montré quel était le rôle utile des alcooliques à dose modérée pour l'épuisé par la maladie ou par le travail. On a apprécié ses effets suivant les âges et les contrées. Les maladies des appareils de la digestion, de la nutrition, de l'innervation, déterminées par l'abus prolongé des liqueurs fortes ont été étudiées avec le plus grand soin; les symptômes de l'alcoolisme chronique sont aujourd'hui rigoureusement connus. On a apprécié l'influence de l'abus des liqueurs fortes sur la marche de la civilisation. De louables efforts ont été tentés pour conjurer les maux de l'alcoolisme.

On a différencié les principales liqueurs fortes d'après leurs effets. La connaissance chimique des divers alcools qui se trouvent souvent mêlés à l'alcool vinique a permis d'introduire de l'ordre dans ces études; mais c'est surtout d'après la richesse alcoolique des produits alcooliques divers que se mesurent les dangers de leur abus.

On a cependant distingué sous ce point de vue les liqueurs sucrées avec acides, qui, sous ce rapport, se rapprochent des vins, des liqueurs avec essences, produits dans lesquels il faut attribuer une part d'action aux doses élevées de ces principes immédiats.

Les observations nombreuses qui ont été publiées sur la liqueur d'absinthe mettent ces vérités hors de doute.

De nombreux travaux ont été exécutés sur les vins. Les cépages français ont été décrits avec soin dans plusieurs traités spéciaux[1];

[1] *Ampélographie universelle, ou Traité des cépages les plus estimés*, par le comte Odart, 5e édit. Paris, 1852, in-8°, avec appendice de 30 p. Tours, imp. de G. Bouserez, 1864. — Bouchardat, *Cépages de la Bourgogne*, 2 broch. in-8°, 1846-1847. — *Monographie des pineaux.* (*Mémoires de la Soc. d'agriculture de France*, 1849. — *Monographie des tresseaux*, in-8°, 1852. — *Principaux cépages du midi de la France*, in-8°, broch. — *De la dégénérescence et du perfectionnement des cépages*, broch. in-8°, 1850. — J. Lavalle, *De la vigne et des grands vins de la Côte-d'Or*, gr. in-8°, Dijon, 1855. — Ladrey, *La Bourgogne*, 3 vol. in-8°. — *Revue vit.*

les conditions de leur culture ont été l'objet de discussions approfondies. La composition des vins, leur rôle dans la nutrition, leur emploi selon les âges, les imminences morbides, les maladies : voilà des sujets qui, depuis quelques années, ont été abordés par des chimistes et des médecins expérimentés.

On a pu, connaissant mieux la composition des vins, voir comment leur abus, à dose égale d'alcool, était moins redoutable que celui de l'eau-de-vie et des autres liqueurs fortes.

Les causes des maladies des vins, grâce à des travaux des plus remarquables, sont aujourd'hui beaucoup mieux connues; aussi le problème capital de leur bonne conservation, qui intéresse si puissamment une de nos grandes industries nationales, est-il pour ainsi dire résolu[1].

La composition des différents vins étant connue, on a des bases rationnelles pour leur classification et des moyens assurés pour reconnaître leurs falsifications, et par conséquent pour les prévenir.

Le *cidre*, qui forme la boisson usuelle de plusieurs de nos départements de l'Ouest, a été l'objet direct ou indirect de plusieurs mémoires.

La description des meilleures pommes ou poires à cidre ne laisse rien à désirer; leur composition a été déterminée, ainsi que celle des produits qu'elles fournissent. Les inconvénients des procédés de conservation défectueux, les dangers de coupables falsifications ont été signalés[2].

1863, in-8°. — *L'art de faire le vin*, Paris, 1863. — Jules Guyot, *Viticulture de la France*, plusieurs *Rapports à Son Exc. le Ministre de l'agriculture*, Paris, Imp. imp. 1852 à 1866.

[1] Pasteur, *Études sur le vin, ses maladies, causes qui les provoquent, procédés nouveaux pour les conserver et les vieillir*, 1 vol. in-8°, avec planches coloriées, imprimé à l'Imprimerie impériale, Paris, 1866. — A. de Vergnette-Lamothe, *Le vin*, ouvrage excellent, orné de 3 planch. en couleur et 29 gravures noires, Paris, 1867, 1 vol. in-8°. — Bouchardat, *Du vin*. (*Annuaire de thérapeutique*, 1862, p. 222.) — Michel Lévy, *Vins plâtrés*. (*Recueil de Mémoires de méd. chir. pharm. milit.* 1854.)

[2] Bouchardat, *Du cidre*. (*Annuaire de thérapeutique*, 1862.)

Bière. — Après le vin c'est la boisson fermentée la plus importante; aussi a-t-elle été l'objet de nombreuses investigations. Les matières premières qui interviennent dans sa composition, et particulièrement le houblon, ont été l'occasion de recherches se rapportant à sa composition[1], à son rôle sur l'organisme. La fabrication de la bière, sa conservation, ont attiré l'attention des brasseurs et des savants[2]. Ses falsifications se sont multipliées : on a cherché à remplacer l'orge germé et surtout le houblon par des matières nuisibles, au nombre desquelles il faut surtout citer la coque du Levant; mais la science chimique et physiologique possède les moyens de reconnaître ces fraudes. Le rôle physiologique et alimentaire[3] de la bière, les inconvénients de son abus, ont été déterminés avec soin.

Les autres *boissons fermentées* ont été examinées au triple point de vue de leur production, de leur composition et de leurs effets.

Plusieurs matières premières contenant de la *caféine* au nombre de leurs principes immédiats sont entrées dans la consommation usuelle de presque tous les peuples. Pour confirmer cette assertion, il nous suffira de nommer le *café*, le *thé*, le *guarana*, le *thé du Paraguay*. Ces substances sont l'objet d'incessantes recherches; nous allons mentionner les plus récentes[4].

[1] Personne, *Mémoire sur la composition du houblon.*

[2] Mulder, *De la bière, sa composition chimique, sa fabrication,* etc. traduit du hollandais par A. Delondre, Paris, 1861, in-12.

[3] Bouchardat, *De la bière au point de vue hygiénique.* (*Annuaire de thérapeutique,* 1862.)

[4] Colet, *Des accidents que déterminent le thé et le café pris à hautes doses.* (*Arch. génér. méd.* 2e série, 1833, t. III, p. 433.) — Péligot, *Recherches sur la composition chimique du thé.* (*Comptes rendus de l'Acad. des sciences,* t. XVIII, p. 104.) — Payen, *Mémoire sur le café.* (*Comptes rendus de l'Acad. des sciences,* t. XXII, p. 724.) — De Gasparin, *Usage du café.* (*Comptes rendus de l'Acad. des sciences,* t. XXX, p. 729, 397.) — D'Abadie, *Emploi du café dans le régime alimentaire en Arabie et en Abyssinie.* (*Comptes rendus de l'Acad. des sciences,* t. XXX, p. 749.) — Chevallier, *Du café.* (*Annales d'hygiène,* 1862.) — Chicou, *Du café en hygiène.* (*Thèse,* Paris, 1859.) — Voir la *Thèse Jomand,* 1860, et plusieurs autres sur le même sujet. — L. Marchand, *Recherches sur le*

Café. — Sa culture s'est propagée dans un grand nombre de régions intertropicales, et il constitue pour ces pays un objet considérable d'exportation. Si les sortes de Moka et Zanzibar sont toujours restées les premières, il faut reconnaître que chaque année voit arriver dans nos ports des variétés nouvelles avec leurs qualités spéciales. Un grand nombre de chimistes se sont efforcés de déterminer la composition immédiate de la précieuse fève d'Arabie; les plus éminents n'ont pas dédaigné de nous faire connaître les meilleures conditions de ses préparations. Son action physiologique, son rôle alimentaire, son usage dans les différentes conditions de santé, de maladie, de climats, ont été étudiés avec soin; ses falsifications signalées et reconnues; mais ce qui est autrement utile, cette matière est entrée dans le régime usuel de nos soldats de l'armée d'Algérie, et elle a grandement contribué à éloigner les chances de maladie soit par l'action spéciale des matériaux qui la composent, soit en donnant dans sa préparation un moyen aussi simple qu'efficace d'enlever les dangers attachés à l'usage d'eaux potables suspectes, contenant des matières organiques en suspension ou en dissolution. N'oublions pas que l'abus vient souvent à la suite d'un légitime usage, et que le café à dose trop élevée, continuée longtemps, a déterminé des accidents divers du côté du système nerveux.

Thé. — L'infusion de thé forme la base de la boisson usuelle du peuple le plus nombreux du globe et l'objet principal de son commerce d'exportation; aussi est-il peu de substances plus dignes de fixer notre attention.

En étudiant les nombreuses variétés de thés que les Chinois nous expédient, on ne sait ce qu'on doit le plus admirer, de la perfection des procédés de préparation pour donner des formes si variées à

coffea arabica, Paris, 1864, in-8°. — Penillau, *Essai sur le café*, in-8°, Paris, 1865. — Chevallier, *Du café.* (*Annales d'hygiène*, janvier 1862.) — Bouchardat, *Du café, conférence à l'Association polytechnique*, 1867. (*Ann. thérap.* 1868.)

une feuille si délicate, ou de l'admirable conservation d'un produit si altérable, nous arrivant de régions lointaines et en traversant des mers où les conditions d'altération sont si nombreuses. Dans plusieurs contrées du globe on a fait, depuis un demi-siècle, de grands efforts pour partager avec la Chine cette riche production; mais c'est encore cette nation qui a le monopole des grandes sortes de thé et de son commerce, quoique les conditions de sa culture et de sa préparation soient aujourd'hui très-bien connues.

Plusieurs chimistes ont soumis les différentes sortes de thé à l'analyse immédiate; les hygiénistes ont étudié son action physiologique, son rôle alimentaire, son influence dans les différentes conditions de santé et de maladie, les inconvénients de son abus, ses falsifications, etc.

Guarana. — Cette pâte, dans la composition de laquelle on a reconnu l'existence de la caféine, et qui constitue un des produits utiles que nous expédie le Brésil, a été étudiée au triple point de vue de sa préparation, de sa composition et de son action physiologique. La culture de la plante qui forme la base du guarana a été l'objet d'un mémoire intéressant[1].

Thé du Paraguay. — Le thé du Paraguay, qui remplace le thé dans plusieurs localités de l'Amérique centrale, a été analysé, et l'on y a trouvé de la caféine comme dans le thé de la Chine, rapprochement qui déjà avait été fait par l'usage hygiénique.

Coca. — Les feuilles de l'*Erythroxylon coca,* qui sont recueillies dans les cultures des riches vallées du Pérou, de la chaîne des Andes, doivent être regardées comme le stimulant des Boliviens. On a isolé des feuilles de coca plusieurs alcaloïdes remarquables. La culture, l'action physiologique, hygiénique et thérapeutique de

[1] Silva Gouthino, *Sur l'urana ou guarana.* (*Répertoire de pharmacie,* t. XXIII, p. 271, janvier 1867.)

ce produit ont été l'occasion de plusieurs mémoires qui laissent peu de chose à désirer pour faire une histoire complète de ce végétal[1].

Tabac. — Parmi les matières ingérées agissant spécifiquement sur le système nerveux, il convient en hygiène de faire l'étude du tabac à côté de celle des alcooliques; il se rapproche en effet des autres stimulants spéciaux par des caractères d'une grande valeur.

La consommation du tabac est si considérable, toutes les questions qui intéressent la fabrication des produits dont il est la base ont été traitées par tant d'hommes habiles, que les moindres particularités de l'histoire de cette plante sont aujourd'hui connues[2].

Les procédés de culture ont été perfectionnés à la limite; grâce à eux, on peut produire des feuilles dont la teneur en principe actif peut être rigoureusement prévue. Aucune plante n'est mieux connue chimiquement que le tabac. La nicotine a fourni le sujet de plusieurs mémoires. L'hygiène de la fabrication du tabac a appelé l'attention d'ingénieurs les plus habiles des manufactures de l'État et de médecins remarquables par leur esprit d'observation; grâce à la réunion de ces efforts, les principaux inconvénients et les dangers qui accompagnaient la préparation des différentes formes qu'on donne au tabac sont aujourd'hui, pour ainsi dire, complétement écartés[2].

De nombreux mémoires ont été publiés sur les propriétés physiologiques et hygiéniques du tabac, par les adversaires et les

[1] Weddel, *Notice sur la coca.* (*Mém. de la Soc. imp. d'agriculture,* 1re partie, 1853, p. 141, Paris.) — Vöhler et W. Reidinger, *Analyse du coca, cocaïne.* (*Répertoire de pharmacie,* t. XVII, p. 105). — L. A. Gosse, *Monographie de l'Erythroxylon coca,* avec une excellente bibliographie, Bruxelles, 1862, in-8°. — Demarle, *Thèse sur la coca,* Paris, 1862.

[2] *De la santé des ouvriers employés dans les manufactures de tabac,* par Mélier (*Bulletin de l'Académie de médecine.* t. X.) — Ygonin, *De la santé des ouvriers employés dans les manufactures de tabac,* in-8°, Lyon, 1866. — Ch. Fermond, *Monogr. du tabac,* 1 vol. in-8°, Paris, 1857.)

partisans de ce puissant modificateur du système nerveux[1]. Si d'un côté on a avancé que l'habitude de fumer en excès altérait les dents, déterminait les inflammations et le cancer des lèvres, causait des douleurs dans les sinus frontaux, était l'origine de gastralgies persistantes, amenait une diminution des forces et des douleurs rhumatoïdes vagues, le tremblement et l'amaurose des fumeurs, conduisant à l'anaphrodisie et à l'angine de poitrine; d'un autre côté, les défenseurs du tabac ont dit : « Il adoucit le sentiment de la fatigue, il calme les douleurs, conduit à la résignation, produit une sensation vaporeuse agréable, fait supporter le désœuvrement, combat l'ennui de la vie. C'est, ajoutent-ils, une admirable ressource pour le marin, le soldat et l'ouvrier accablé par les rudes travaux de la journée. » Quoi qu'il en soit, l'empire du tabac s'étend chaque jour. Si l'usage en était modéré, si l'on employait utilement l'excitation qui suit son ingestion, on pourrait admettre que, dans bien des cas, les inconvénients et les avantages se balancent.

On ne peut arriver à la même conclusion pour l'usage de l'*opium* habituellement fumé, du *chanvre indien* sous ses formes variées. Leur emploi abusif engendre de véritables états maladifs, et, plus que tous les autres modificateurs du système nerveux, conduit à l'abrutissement. De nombreux travaux ont été exécutés sur la culture, la composition, les propriétés physiologiques de l'opium[2] et du chanvre indien ou hachich[3], étudiés au point de vue de l'hygiène.

[1] Prudent Bernay, *Du tabac.* (*Thèses*, Paris, 1859, 1863. — *Gaz. hebdomadaire*, t. I.) — Joly, *Du tabac au point de vue de l'hygiène.* (*Bullet. de l'Acad. de médecine*, 1865-1866.) — M. Decaisne, *Effets du tabac.* (*Compt. rend. de l'Acad. des scienc.* mai 1864.) — Namias, *Empoisonnement par le tabac.* (*Compt. rendus de l'Acad. des sciences*, juillet 1864.) — Richardson, *Effets physiologiques, du tabac.* (*Annales d'hygiène*, janvier 1867.)

[2] Aubergier, *Sur l'opium indigène.* (*Mémoires de l'Académie de médecine* pour 1852.)

[3] Mongeri, *Hachich, Cannabis, Esrar.* (*Gazette médicale de Constantinople*, 1865. — *Annuaire de thérapeutique*, 1865, p. 59.)

3° Condiments. — *Cibi amorem aliquando augent, saporem gratum addunt et ventriculi vires musculares, etiam exhalationem internam augent.* Les travaux modernes ont agrandi le rôle attribué par Haller aux condiments. On a démontré que plusieurs d'entre eux agissaient en détruisant la vitalité des ferments organisés vivants, en entravant l'altération des aliments ou en dirigeant leur fermentation digestive[1].

Plusieurs substances rangées par les anciens dans le groupe des condiments en ont été retirées pour être portées dans celui des matériaux alimentaires, parce qu'elles constituent non pas l'accessoire, mais la base de l'aliment. C'est ainsi que les sucres, les graisses, le sel marin, ne sont plus traités que pour mémoire dans le groupe des condiments.

Champignons. — L'histoire hygiénique des champignons[2] s'est enrichie d'un grand nombre de faits; leur anatomie, leur développement, leur classification, ont été l'objet pour plusieurs groupes, de travaux poursuivis avec autant de patience que de sagacité. L'analyse immédiate de plusieurs champignons a

[1] Bouchardat, *Cours d'hygiène de la faculté de médecine.*

[2] *Recherches chimiques sur les champignons*, Gobley. (*Journal de pharmacie et de chimie*, 1856.) — *Champignons comestibles*, par Lefort. (*Comptes rendus de l'Acad. des sciences*, 1856.) — Bertillon, *Champignons vénéneux.* (*Union médicale*, mars 1861.) — *Instruction sur les champignons comestibles et vénéneux.* (*Recueil de Mém. de médecine, de chirurgie et pharm. milit.* 1859.) — Lavalle, *Traité pratique des champignons comestibles*, Paris, 1852, in-8°. — *Études sur les champignons vénéneux, moyen de les dépouiller de leur principe toxique et de les rendre comestibles*, par Frédéric Gérard, Paris, 1852, in-8° de 32 p. avec fig. — L. F. Morel, *Traité des champignons*, Paris, in-18, 1865. — *Des champignons au point de vue de leurs caractères usuels, chimiques et toxicologiques*, par Ém. Bourdier, Paris, 1866, in-8°. — *Champignons vénéneux, leurs poisons et leurs contre-poisons*, par J. B. L. Letellier et Speneux, Paris, in-8°, 1866. — L. R. et Ch. Tulasne, *Selecta fungorum carpologia, ea documenta et icones potissimum exhibens quæ varia fructuum et seminum genera in eodem fungo simul aut vicissim adesse demonstrant*, Paris, 1861, 1865, 2 volumes in-4°, avec planches; Imprimerie impériale; ouvrage fondamental qui honorera notre époque.

été perfectionnée. On distingue aujourd'hui beaucoup plus sûrement les espèces vénéneuses des alimentaires. Quelques efforts ont été tentés pour isoler le principe actif de ces redoutables poisons. Si les résultats scientifiques laissent encore beaucoup à désirer, on connaît cependant, et cela a de l'importance, un moyen très-simple d'éliminer le principe nuisible des champignons toxiques.

Mucédinées parasites qui nuisent le plus à l'homme. — C'est seulement depuis une vingtaine d'années que l'on commence à comprendre toute l'importance de ces mucédinées parasites qui s'attaquent directement ou indirectement à l'homme, le menacent soit en annihilant pour ainsi dire des productions les plus utiles à son alimentation, soit en déterminant des maladies dont la gravité et la fréquence ne sont pas encore généralement appréciées. En s'implantant sur l'homme, ces parasites microscopiques accompagnent ou déterminent des maladies spéciales (muguet, teignes, etc.)[1]; mêlés à notre alimentation de chaque jour, ils peuvent causer des maladies chroniques des plus redoutables (ergotisme, pellagre, acrodynie, etc.)[2].

Les champignons épiphytes de la teigne faveuse, celui de la teigne tonsurante, de la teigne mentagre, l'*oïdium* du muguet, ont fourni les sujets de nombreux et importants travaux, qui ont contribué à éclairer de lumières inattendues la prophylaxie et l'hygiène d'affections si difficiles à traiter quand les causes étaient inconnues.

Les champignons qui déterminent les maladies de la vigne et de la pomme de terre ont été l'occasion de très-nombreux mémoires;

[1] Robin, *Histoire naturelle des végétaux parasites qui croissent sur l'homme*, Paris, 1853, 1 vol. in-8° de 700 pages. — E. J. Bergeron, *Étude sur la géographie et la prophylaxie des teignes.* (*Annales d'hygiène*, janvier 1865.) — [2] Bouchardat, *Des mucédinées parasites qui nuisent le plus à l'homme.* (Supplément à l'*Annuaire de thérapeutique* pour 1861, p. 102-180.)

et si ces fléaux n'ont point disparu, dans bien des conditions on sait et les prévenir et les combattre [1].

Les maladies déterminées par l'usage de céréales avariées par des mucédinées nuisibles s'attaquent aux plus pauvres habitants des campagnes; ce sont les maladies de la misère des villages; elles marchent le plus souvent à la suite des disettes. Ces maladies ont été fréquentes jadis, elles sont rares aujourd'hui. La misère, cette plaie qui favorise et souvent décuple les mauvaises chances des autres causes de maladies, sévit moins rudement. Les progrès du criblage, de la mouture et des procédés de panification ont contribué à éliminer les mucédinées nuisibles. L'usage plus général du pain blanc a considérablement diminué les dangers. Dans un pain noir, amer, âcre, les substances nuisibles pouvaient être dissimulées; lorsqu'on consomme du pain blanc, on s'aperçoit aussitôt, par la couleur, l'odeur, la saveur, de l'intervention des mucédinées nuisibles. Les ergots de seigle, de blé, etc. ont été l'occasion de magnifiques travaux [2], se rapportant surtout à l'histoire naturelle; l'*oidium aurantiacum*, qui quelquefois a infecté le pain de nos soldats, a été étudié par plusieurs observateurs; les conditions de sa propagation sont nettement déterminées [3].

La *verderame*, cette mucédinée qui attaque le grain du maïs, a attiré l'attention d'un grand nombre de médecins. La pellagre, cette redoutable endémie, a été étudiée sous les points de vue de son étiologie et de sa prophylaxie avec une persévérance digne des plus grands éloges [4].

On peut dire que l'histoire des mucédinées parasites a fait, depuis vingt ans, de considérables progrès, et cela au grand profit de l'hygiène.

[1] *Traité de la maladie de la vigne*, par M. Bouchardat, 1 vol. in-8° de 155 pages, Paris, 1853.

[2] L. R. et Ch. Tulasne, *loc. cit.*

[3] Payen, *Sur une altération extraordinaire du pain de munition.* (*Annales de chimie et de physique*, 3e série, t. IX, p. 5.)

[4] Th. Roussel, Costallat, Bouchardat, *loc. cit.*

§ 4. EXERCICE.

Un des moyens les plus simples et aussi les plus sûrs de nous rendre compte de l'influence immédiate du travail corporel sur l'organisation, c'est de mesurer comparativement, chez l'homme restant en repos et chez celui qui se livre à un exercice corporel, la consommation de l'oxygène et la quantité des principaux résidus (acide carbonique, urée) provenant des fonctions vitales. D'utiles recherches ont été exécutées, ayant pour but d'arriver sûrement à ces constatations.

Ces résultats d'expériences n'intéressent pas que la théorie; elles se rattachent aux questions les plus importantes qui ont trait à la santé de l'homme. En effet, on a démontré que, toutes choses égales, la continuité dans l'insuffisance d'exhalation de l'acide carbonique, eu égard aux besoins de l'économie, conduit à l'affection scrofuleuse et à la tuberculisation pulmonaire. Ces résultats permettent de se rendre compte, de la manière la plus saisissante et la plus nette, des heureux effets de l'exercice musculaire sagement dirigé.

Par un exercice actif, le pouls et la respiration sont l'un et l'autre accélérés; on doit penser qu'alors une plus grande quantité d'oxygène est consommée et une plus grande quantité de chaleur produite; la circulation du sang se fait avec plus de rapidité, et il se répand en plus grande abondance dans les extrémités; l'excès de chaleur s'y trouve ainsi entraîné et dépensé, ce qui en prévient l'accumulation dans les organes intérieurs et profondément situés, et nous donne un nouvel et remarquable exemple du mécanisme heureux de notre organisation. Ajoutons à cela que des découvertes du plus grand intérêt, de la plus haute importance, nous ont appris que la chaleur pouvait se transformer en force. Bien des faits inexpliqués reçoivent ainsi une interprétation facile. L'influence nuisible du travail corporel exagéré et les maux beaucoup plus nombreux qui marchent à la suite de la continuité dans la paresse corporelle, voilà des faits démontrés par l'observation hygiénique et qui ont reçu leur consécration scientifique[1].

Un grand nombre de mémoires ou d'ouvrages ont été publiés depuis vingt ans sur la gymnastique; ils ont eu pour but d'en montrer les avantages hygiéniques, de nous faire connaître les principales formes de l'exercice et d'en préciser les inconvénients et les avantages[2].

L'étude des exercices professionnels à attitude constante a démontré que beaucoup de difformités dépendent de l'inégalité d'action symétrique des muscles; la division et la spécificité du travail, si utiles en industrie, sont en général nuisibles au point de vue hygiénique[3].

Des observations de la plus grande valeur ont démontré la puissance de la gymnastique pour prévenir les affections les plus redoutables. C'est surtout dans les cas d'imminence scrofuleuse, tuberculeuse ou cancéreuse, que la gymnastique de chaque jour est indispensable. Quand la constitution est détériorée, les efforts de la médecine sont le plus souvent sans puissance; tandis que le médecin de la santé qui sait prévoir les accidents qui doivent fatalement se succéder peut les prévenir, si on ne laisse pas écouler un temps irréparable.

Il a été démontré que la gymnastique formait la base du traitement le plus efficace contre la glycosurie[4], la polyurique, la chorée et un grand nombre d'affections chroniques.

L'hygiène scientifique a commencé à s'emparer des méthodes si

[1] Bouchardat, *Le travail, son influence sur la santé*, Paris, in-18, 1863.

[2] G. N. Dailly, *Gymnastique hygiénique et médicale*, Paris, 1850, in-8°. — *Cinésiologie*, in-8°, Paris, 1857. — N. Laisné, *Gymnastique pratique*, Paris, 1850, in-8°.

[3] Shann, *Recherches statistiques sur les maladies des artisans*. (*British. med. Journ.* 1862, t. II, p. 248.) — Seemann, *Maladies des tisserands et des passementiers*. (*Annales d'hygiène*, janvier 1863.) — Ad. Hannover, *Maladies des artisans à Copenhague*, traduit par Beaugrand. (*Annales d'hygiène*, juillet 1862.)

[4] Bouchardat, *De l'entraînement ou de l'exercice forcé appliqué au traitement de la glycosurie*, etc. vol. in-32 de 64 pages, Paris, 1865.

curieuses de l'entraînement; elle les a éclairées et dirigées par une minutieuse observation, et déjà il en est sorti des découvertes les plus utiles pour guérir plusieurs maladies, consolider et perfectionner les santés. Les divers procédés employés pour entraîner les pugilistes, les effets de cet entraînement, ont été exposés dans plusieurs mémoires spéciaux[1].

§ 5. EXCRÉTIONS.

Les excrétions sont des produits de décompositions qui s'opèrent dans l'organisme aux dépens soit des matériaux introduits dans l'appareil digestif ou les poumons, soit des organes eux-mêmes.

Les excrétions sont des résidus destinés à être éliminés de l'économie. La branche de la science qui s'en occupe pourrait être rapportée au sujet de l'hygiène; elle constitue une extension véritable des études physiologiques; elle a profité de toutes les découvertes qui depuis vingt ans se sont succédé par les efforts de tous dans cette partie de la physiologie.

Les principes immédiats qui sont éliminés de l'économie sont très-nombreux; les plus considérables pour la quantité sont des produits d'oxydation. Parmi ceux-ci on en distingue d'acides, ce sont les plus importants : citons les acides carbonique, urique, hippurique, benzoïque, hydrotique, inosique, choléique, cholique, etc. Parmi les basiques ou neutres mentionnons l'urée, la créatine, la créatinine, etc. Cette rapide énumération suffit pour indiquer que cette branche de l'hygiène s'est successivement enrichie depuis vingt ans d'un grand nombre de faits nouveaux.

Excrétions par les poumons et les bronches. — Les principales sont l'acide carbonique, l'eau et le mucus bronchique. Les quantités de ces excrétions ont été déterminées pour les principales conditions d'âge, de sexe, d'imminence morbide.

[1] Defrance, *De l'entraînement.* (*Thèses,* Paris, 1859.) — Bouchardat, *De l'entraînement des pugilistes.* (Suppl. à l'*Ann. de thérap.* 1861, p. 182-267, Paris.)

Excrétions par les reins. — L'étude des urines domine la pathogénie des gravelles, des affections calculeuses; elle éclaire l'étiologie et le diagnostic de la plupart des maladies des organes génito-urinaires; elle fournit des lumières inattendues sur plusieurs affections générales. On voit donc qu'elle intéresse l'hygiène à bien des titres. Aussi cette partie de l'étiologie et de la séméiotique a-t-elle été l'objet de travaux nombreux, qui l'ont élevée à un haut degré de précision.

L'histoire des gravelles comprend une série d'affections les plus distinctes, qui de notre temps ont été séparées. On ne s'expose plus ainsi à de déplorables confusions. Ajoutons, et ceci a une plus grande importance, que c'est absolument méconnaître la portée de ce grand sujet que de borner aux dépôts qui se forment dans les reins ou dans la vessie les productions pathologiques constituées par ces résidus. Il est indispensable de poursuivre l'étude de ces dépôts anomaux dans l'ensemble de l'économie : cette étude permet d'aborder d'une façon rationnelle l'interprétation de plusieurs états morbides des plus graves et des plus communs[1].

Excrétions de la peau. — L'étude des fonctions de la peau a une très-grande importance en hygiène, parce que l'amoindrissement ou la perversion de quelques-unes de ces fonctions sont la cause principale ou accessoire d'un grand nombre de maladies. L'anatomie et la physiologie de la peau se sont enrichies d'un grand nombre de faits nouveaux : on a déterminé les maladies qui peuvent être occasionnées par la continuité de la négligence des soins de la peau. L'étiologie des maladies de cet organe a été fondée, pour beaucoup d'entre elles, sur des observations rigoureuses. Les pratiques qui ont pour but de rétablir l'harmonie de ses fonctions (bains[2], hydro-

[1] Bouchardat, *Gravelles, calculs urinaires, goutte, polyurique, oxalurie, cystinurie, phosphypostase.* (*Ann. de thérap.* 1867, in-18, p. 234 à 323.)

[2] Michel Lévy, *Effets de l'immersion prolongée dans l'eau de mer.* (*Annales d'hygiène*, avril 1861.)

thérapie, massage, frictions) ont été l'objet de travaux d'une telle importance et si nombreux qu'ils constituent pour ainsi dire une science pratique spéciale avec ses annales distinctes. Les études historiques se rapportant à l'état de la *cosmétique* chez les Grecs et chez les Romains ont été poursuivies avec ardeur[1]; les avantages et les dangers de plusieurs substances employées pour conserver ou simuler la beauté ont été signalés dans plusieurs mémoires ou traités *ex professo*[2].

§ 6. SENS. — RAPPORT DU PHYSIQUE AU MORAL ET RÉCIPROQUEMENT. AFFECTIONS DE L'ÂME.

L'hygiène des sens, et particulièrement des sens de l'ouïe[3] et de la vue[4], s'est enrichie d'une foule d'observations importantes, qui ont eu surtout pour point de départ l'étude des maladies diverses dont ces organes sont affectés. Les causes de ces maladies sont aujourd'hui pour la plupart beaucoup mieux connues qu'elles ne l'étaient jadis. On a recherché avec grand soin les relations qui pouvaient exister entre des états pathologiques généraux variés et les modifications dans les appareils des sens; les amauroses glycosurique, albuminurique, nous offrent des exemples très-nets de ces progrès. L'influence des modificateurs sur les organes des sens a été étudiée avec soin; l'action des différentes lumières artificielles sur l'œil, celles de l'alcool, du tabac, etc. sur les organes de l'ouïe, de

[1] Bouchardat, *Leçons à la Faculté sur les cosmétiques chez les Grecs et chez les Romains.*

[2] Chevallier, plusieurs *Mémoires* dans les *Annales d'hygiène* et dans le *Journal de chimie médicale.* — Reveil, *Des cosmétiques au point de vue de l'hygiène et de la police médicale.* (*Ann. d'hyg.* octobre 1862.)

[3] Kramer, *Des maladies de l'oreille,* avec des *Notes* de Menière, Paris, in-8°. — Roland, *De l'influence de la musique sur la guérison des maladies.* (*Union méd.* 1863.)

[4] Magne, *Hygiène de la vue,* Paris, 1847, in-8°. — Sichel, *Sur les lunettes,* Paris, 1848, in-8°. — Dumont, *Effets et causes de la cécité,* Paris, 1856, in-8°. — A. Chevallier, *Hygiène de la vue,* Paris, 1861, in-12. — Desmarres, *Traité des maladies des yeux,* 3 vol. in-8°, Paris.

la vue, ont été l'objet de recherches intéressantes. De patients efforts ont été tentés dans le but de développer le sens de l'ouïe ou d'y suppléer. L'influence des passions et de la colère en particulier sur la fonction glycogénique a été démontrée par des expériences très-précises. L'influence du moral sur les fonctions, sur la marche et la production des maladies a été mieux appréciée.

On est entré dans une voie nouvelle pour étudier les rapports du physique et du moral. Nous pouvons citer l'étude de l'influence de la qualité des eaux sur la production du goître endémique et, par suite, du crétinisme; l'influence du maïs altéré sur celle de la folie pellagreuse; les diverses altérations du système nerveux qui apparaissent sous l'influence de l'alcoolisme chronique, etc.

Si les modificateurs physiques montrent leur puissance pour agir sur le moral de l'homme, la proposition réciproque a également reçu de belles démonstrations. On a pu voir que bien souvent c'est le moral qui forme le physique, c'est l'esprit qui, par son attention et son vouloir, développe et perfectionne l'organe, c'est l'esprit qui régit le corps. C'est par la science reçue, par l'enseignement que se dissipent les erreurs, les superstitions, que l'on corrige les vices, qu'on forme les vertus, et que l'homme approche le plus possible de la perfection morale et physique[1].

[1] F. Lallemand, *Éducation publique, éducation morale*, Paris, 1848, 1852, in-12. — Ed. Feuchstersleben, *Hygiène de l'âme*, traduit de l'allemand, Paris, 1853, in-12. — Foissac, *Hygiène philosophique de l'âme*, Paris, 1863, in-8°, 2e édit. — Bourdet, *Hygiène morale*, Paris, 1858. — Descieux, *Influence de l'état moral de la société sur la santé publique*, Paris, 1865, in-8°. — Lelut, *Physiologie de la pensée, recherches critiques des rapports du corps à l'esprit*, 2 vol. in-8°, Paris, 1862. — Paul Janet, *La famille*. — *Le matérialisme contemporain*. — *La crise philosophique*. — *Le cerveau et la pensée*. — Ad. Franck, *Philosophie du droit pénal*. — *Philosophie mystique*. — Ém. Saisset, *L'âme et la vie*. — Aug. Laugel, *Les problèmes de la nature*. — *Les problèmes de la vie*. — *Les problèmes de l'âme*. — Charles de Rémusat, *Philosophie religieuse*. — Albert Lemoine, *Le vitalisme et l'animisme de Stahl*. — *De la physionomie et de la parole*. — Francisque Bouillier, *Du plaisir et de la douleur*. — Ad. Garnier, *De la morale dans l'antiquité*.

CHAPITRE III.

HYGIÈNE GÉNÉRALE.

L'hygiène générale comprend l'ensemble des applications de l'hygiène rapportées à un objet determiné; elle se divise en hygiène publique et sociale et en hygiène individuelle.

L'hygiène publique et sociale embrasse toutes les questions hygiéniques se rapportant aux endémies, aux épidémies, à l'acclimatement, à la colonisation, à l'hygiène des villes, des hôpitaux, des maisons d'éducation, des prisons, etc., des professions diverses, etc.

L'hygiène générale individuelle pose les règles de conduite les mieux appropriées pour conserver, fortifier ou rétablir la santé dans les différentes conditions d'âge, de sexe, d'imminences morbides, de maladies, etc. On voit combien est grand le cadre que l'hygiène générale embrasse. Nous ne pouvons qu'indiquer les traits principaux des progrès réalisés depuis vingt ans.

Endémies. — Les efforts les plus heureux ont été faits, non-seulement pour connaître les causes des endémies, mais aussi pour les combattre. Nous ne rappellerons ici que les trois plus remarquables : scorbut, goître et crétinisme, endémies paludéennes. Nous avons exposé, aux articles des eaux potables, de la chaleur et des marais, les progrès réalisés se rapportant à ces trois endémies.

Épidémies. — On désigne sous ce nom les maladies les plus diverses, attaquant un grand nombre d'individus; elles naissent et se propagent le plus souvent sous la double influence de la misère et de l'encombrement. Nous ne devons nous occuper ici que des épidémies des maladies contagieuses, au double point de vue de l'étiologie et de la prophylaxie, et, par conséquent, de l'hygiène.

Maladies contagieuses. — L'histoire des maladies contagieuses a une importance considérable : en hygiène privée, elle éclaire toutes les questions de préservation; en hygiène publique, elle forme la base scientifique de tout ce qui a trait aux lazarets et aux quarantaines. Au point de vue étiologique, les maladies contagieuses se divisent en *parasitaires*, *virulentes* et *miasmatiques*.

Maladies contagieuses parasitaires. — Les découvertes qui se rapportent aux mucédinées parasites qui s'attaquent au corps de l'homme dominent aujourd'hui l'hygiène des maladies de la peau, les plus rebelles et les plus graves.

Les transformations, les migrations des parasites animaux, vers intestinaux, trichines, etc. sont aujourd'hui bien connues, et l'hygiène qui a pour but de prévenir ces affections s'appuie sur des bases rationnelles.

Maladies virulentes; virus. — Les découvertes modernes ont prouvé que les virus se rapprochaient des ferments du second ordre par des caractères de la plus haute importance. Disons, pour l'intelligence de ce qui va suivre, que les fermentations du premier ordre sont déterminées par l'influence d'êtres microscopiques organisés et vivants; que les fermentations du second ordre ont pour moteurs des produits qui ne sont pas sous l'influence de l'activité vitale, mais dont la production le plus souvent est liée à une fonction active d'un individu vivant. Les virus sont des produits qui ne sont pas sous l'influence de l'activité vitale, mais ils se forment par une évolution pathologique chez un individu vivant; ils appartiendraient donc aux ferments du second ordre.

Comme les ferments du second ordre, en dehors de leurs manifestations caractéristiques, ils paraissent dénués de toute propriété active, et cependant ils montrent leur puissance en exerçant des modifications considérables eu égard à leur quantité.

Les virus s'éloignent des ferments du second ordre par des propriétés qu'on regarderait comme merveilleuses, si l'on n'en constatait pas la réalité par des observations concordantes sans cesse renouvelées.

Les ferments du second ordre s'épuisent par leur activité. Les virus se reproduisent avec des caractères, le plus souvent identiques, en déterminant leurs manifestations caractéristiques chez des individus sains.

Mais ce n'est pas là le côté le plus propre à confondre notre intelligence. Quoi de plus extraordinaire que cette préservation s'étendant à plusieurs années et quelquefois à toute une vie, par suite d'une première action d'un virus! Ce n'est point, il est vrai, un caractère commun à tous, mais qui, pour presque tous, existe à des degrés divers. Le mot *virus* vient du latin *virus*, qui signifie poison, humeur, produits chez l'homme et chez les *animaux* par une maladie; il reproduit, quand il est reçu et élaboré par l'organisme vivant, une maladie semblable à celle qui lui a donné naissance. On n'a pu le séparer de la lymphe ou d'autres liquides animaux avec lesquels il est mêlé et où il existe à l'état liquide, car jusqu'ici le microscope ne nous a fait découvrir dans le virus aucun être vivant, aucune cellule caractéristique. C'est bien là le grand caractère qui rapproche les virus des ferments du second ordre. Quoique les expériences ne soient pas encore suffisantes pour décider toutes les questions qui s'y rapportent, on peut dire que les poisons qui ne détruisent pas l'action des ferments du second ordre ne détruisent pas non plus l'action des virus.

On n'a pas besoin de dire que le virus ne manifeste son activité que lorsqu'il est transmis par voie de contagion immédiate, c'est-à-dire lorsqu'il est mis en contact avec la peau dénudée ou avec les muqueuses.

Voici l'énumération et la classification des principales maladies virulentes :

1er *Genre.* — Affections virulentes qui se sont développées primitivement, soit chez l'homme, soit chez des animaux qui les ont transmises à l'homme, mais qui, depuis leur première génération, ne se reproduisent plus que par contagion : 1° syphilis[1]; 2° variole; 3° rougeole; 4° scarlatine.

2e Genre. — Affections virulentes qui se sont développées primitivement chez l'homme et qui paraissent encore se produire spontanément; dans l'un et l'autre cas elles se transmettent par inoculation : 1° fièvre charbonneuse; 2° pourriture d'hôpital; 3° infection purulente (fièvre septicémique); variétés *a*, certaines formes de fièvre puerpérale; *b*, certaines piqûres anatomiques[2]; 4° tuberculisation.

La phthisie pulmonaire naît sous l'influence de la continuité de la misère physiologique, mais elle peut se transmettre par inoculation à certains animaux.

3e Genre. — Affections virulentes développées primitivement chez les animaux, transmissibles à l'homme par inoculation : 1° vaccine; 2° rage[3]; 3° morve : *a*, aiguë; *b*, chronique; 4° farcin : *a*, aigu; *b*, chronique; 5° pustule maligne[4]. D'après des recherches nouvelles, cette dernière maladie ainsi que les fièvres charbonneuses se-

[1] Diday, *Transmission de la syphilis chez les ouvriers souffleurs en verre.* (*Ann. d'hygiène*, janvier 1863.)

[2] Les virus qui déterminent la pourriture d'hôpital, les différentes formes de l'infection purulente, par suite d'opérations, de piqûres anatomiques, de fièvres puerpérales, ainsi que les affections charbonneuses, ne devraient-ils pas être rangés parmi les ferments du premier ordre? Il existe dans ces virus des cellules caractéristiques, puis les poisons qui détruisent la vitalité des êtres inférieurs, sels de mercure, acide phénique, paraissent détruire l'action spécifique de ces virus.

[3] Max. Vernois, *Étude sur la prophylaxie administrative de la rage.* (*Annales d'hygiène*, janvier 1863.) — Boudin, *Nombre des victimes de la rage en France.* (*Annales d'hygiène*, janvier 1864.) — Bouley, *Rapport sur la rage.* (*Bulletin de l'Académie de médecine*, 2 et 9 juin 1863.)

[4] Beaugrand, *Recherches historiques et statistiques sur les maladies des ouvriers qui préparent les peaux.* (*Annal. d'hygiène*, octobre 1862.)

raient déterminées par des parasites vivants (bactéries); elles devraient alors être rapprochées des fermentations du premier ordre.

4e Genre. — Maladies nées chez les animaux et transmissibles jusqu'ici par inoculation chez les animaux seulement : 1° péripneumonie contagieuse du gros bétail; 2° typhus contagieux; 3° piétain; 4° claveau; 5° maladie des poules[1], etc.

On a conclu que ces maladies, inoculables aux animaux, ne se transmettaient pas à l'homme, de ces faits, que des expérimentateurs qui se sont blessés en pratiquant des autopsies des animaux morts de ces maladies, sans avoir pris aucune précaution, n'en ont éprouvé aucun effet appréciable.

C'est peut-être conclure un peu vite. Sans doute l'inoculation est possible chez les animaux avec des liquides qui ne manifestent aucune action sur l'homme. Mais si l'on inoculait le virus accumulé dans les parties du corps, non encore déterminées, où il se produit, le résultat serait-il toujours négatif?

Ce sujet de recherches est très-digne d'intérêt à un double point de vue : le premier, de prévenir un danger; le second, qui est beaucoup plus important, de trouver des liquides dont l'inoculation pourrait rendre des services du même ordre que ceux de la vaccine. L'analogie du typhus contagieux du gros bétail avec notre fièvre typhoïde, de la maladie des poules avec le choléra, de la péripneumonie exsudative avec les affections croupales, mérite de fixer l'attention. Il est évident que la première chose à faire serait de s'assurer, par une série d'inoculations pratiquées sur les animaux, si la maladie ainsi communiquée est plus bénigne que celle transmise par l'air, comme cela s'observe pour la variole, la péripneumonie exsudative et d'autres affections. Il serait indispensable,

[1] Quelques-uns de ces virus ne contiendraient-ils pas aussi des ferments du premier genre, c'est-à-dire des cellules organisées et vivantes auxquelles ils doivent leur spécificité d'action? C'est à l'observation à prononcer.

avant de rien tenter sur l'homme, d'être arrivé sur les animaux à une bénignité absolue de la maladie transmise.

Miasmes spécifiques. — On donne ce nom aux particules matérielles qui, enlevées d'un individu malade et transmises par l'air à un individu sain, peuvent lui communiquer une affection semblable à celle dont le malade d'où émanent ces particules était affecté.

Ce mode de transmission ne répugne d'aucune manière à la raison; il suffit pour s'en convaincre de remarquer les innombrables poussières qui voltigent dans l'air en apparence le plus pur; de voir que l'épiderme d'un homme sain, en s'exfoliant, peut répandre dans l'air des particules d'une grande ténuité; que la vapeur d'eau qui s'exhale continuellement de nos poumons entraîne des matières organiques; et, d'autre part, qu'à chaque inspiration, on introduit dans les poumons une masse d'air qui peut contenir des particules spécifiques.

L'existence de particules matérielles excrétées par un malade, absorbées par un individu sain auquel elles communiquent la même maladie qu'a celui dont elles émanent, ne saurait être niée. C'est une action si complétement analogue à celle des virus, que se refuser à croire à l'identité des causes, c'est pour ainsi dire nier l'évidence. Le virus est sous forme liquide, le miasme spécifique sous forme de poussière ténue, que l'air transporte. Il n'est pas besoin d'invoquer la chimie pour nous donner les moyens de distinguer ces matières. Le véritable réactif, c'est le corps de l'homme; les manifestations de la maladie spécifique, voilà les réactions dont le médecin a constaté tous les détails avec une merveilleuse minutie.

L'étude des virus a jeté et jettera la lumière la plus vive sur l'étude des miasmes spécifiques.

Sans doute bien des problèmes de détail restent encore à résoudre. Il faudra savoir pour chaque maladie quelle est la partie du corps qui produit le virus qui, desséché ou entraîné par la vapeur d'eau, constitue le miasme spécifique; mais ce sont des questions secondaires.

Les miasmes spécifiques se distinguent des effluves des marais par deux caractères importants, quoiqu'ils se rapprochent comme eux des ferments du second ordre.

La production des effluves des marais est un phénomène physiologique, celle des miasmes spécifiques est un phénomène pathologique.

Les individus tombés malades par suite d'inhalation de miasmes spécifiques deviennent à leur tour une cause de communication morbifique, tandis que les effets morbides des marais ne se propagent pas de l'individu qui les éprouvent à d'autres individus sains. Les différences pathologiques sont capitales et séparent radicalement les effluves palustres des miasmes spécifiques.

Il est des maladies, comme la variole, la scarlatine, la rougeole, etc. qui se transmettent à la fois par l'air et par l'inoculation. Comment se refuser à admettre que c'est le même virus qui se trouve dans le liquide que vous inoculez à l'aide du liquide que vous prenez dans la pustule variolique, ou des particules que l'air enlève à cette pustule, par suite de sa dessiccation spontanée, et qui sont absorbées par le poumon? La différence dans l'intensité de la maladie produite par l'inoculation et par inhalation pulmonaire peut s'expliquer soit par la différence du mode d'absorption, soit encore par une modification dans le virus.

Il est un caractère qui unit entre elles plusieurs maladies virulentes aux maladies miasmatiques, c'est celui de détruire, soit pour un temps, soit pour toujours, dans l'individu qui a ressenti les effets d'un virus ou d'un miasme spécifique, l'aptitude à en être affecté de nouveau. Concluons donc : le miasme spécifique, c'est un *virus* desséché sous forme de poussière, *transmis par l'air* au lieu d'être transmis par l'aiguille à inoculation.

La résistance à l'action du virus transmis par l'air (miasme spécifique) est plus générale que la résistance à l'action du virus transmis par inoculation. Cela se comprend sans peine par le fait des quantités infiniment petites des miasmes spécifiques inhalés. Un grand nombre d'individus peuvent échapper à une action déterminée par un ferment dont les proportions sont insuffisantes pour manifester leur action spécifique. L'action des foyers épidémiques intenses dans lesquels les forts succombent trouvent ainsi leur explication la plus naturelle.

Certains virus, comme le syphilitique, ne se transmettent que par inoculation. On peut dire : ou ces virus, en se desséchant, perdent leur propriété, ou dans leur évolution ils ne se transforment pas en poussière que l'air entraîne.

On s'évertuera inutilement à chercher la cause déterminante ordinaire du choléra, de la fièvre jaune, de la fièvre typhoïde, du *typhus feber*, etc. par une raison bien simple, c'est que cette cause est connue, comme celle de la variole, de la scarlatine, de la rougeole, au moins dans ce qu'elle a d'essentiel. Distinguer spécifiquement ces ferments, autrement que par leurs effets, paraît être d'une difficulté insurmontable.

ÉNUMÉRATION ET CLASSIFICATION DES PRINCIPALES MALADIES À MIASMES SPÉCIFIQUES.

1er Genre. — Maladies à miasmes spécifiques avec manifestation caractéristique du côté de la peau. — La *variole*, la *rougeole*, la *scarlatine;* elles se transmettent également par inoculation. L'*érysipèle contagieux* se transmet par un miasme spécifique, dont la genèse paraît liée à celle de l'*infection purulente*, qu'il faut peut-être aussi ranger parmi les maladies à miasme spécifique, de même que la *pourriture d'hôpital*, l'*ophthalmie purulente*, la *fièvre puerpérale*. (Voyez la remarque qui suit l'indication des affections diphthéritiques, remarque qui peut s'appliquer à l'infection purulente et à la pourriture d'hôpital.)

La *grease* du cheval, le *cowpox* de la vache, transmissibles presque toujours par inoculation, peuvent également, mais dans des conditions exceptionnelles, se transmettre à ces animaux par miasme spécifique.

2e *Genre. — Maladies à miasmes spécifiques avec manifestation du côté de l'appareil respiratoire.* — Coqueluche, grippe; péripneumonie exsudative du gros bétail (se transmet aussi par inoculation du suc du poumon, Willems). A cette maladie du gros bétail il faut réunir les affections diphthéritiques. Le croup et les affections diphthéritiques peuvent se transmettre, soit par l'intermédiaire de l'air, soit peut-être directement par inoculation. On n'ose affirmer que l'agent spécifique des affections diphthéritiques n'appartient pas aux ferments du premier ordre.

Une première atteinte du mal est-elle une condition de préservation pour la diphthérite? De nouvelles études sont nécessaires pour décider cette question.

3e *Genre. — Affection miasmatique avec manifestation du côté du gros intestin.* — Dyssenterie contagieuse. Les foyers s'éteignent. Les conditions qui paraissent, à des degrés divers, favorables à la formation de foyers primitifs sont l'encombrement, les privations, la putréfaction des matières fécales, les effluves des marais, la température élevée, les brusques variations de température. Les matières fécales des dyssentériques paraissent contenir le ferment spécifique.

4e *Genre. — Maladies pestilentielles et typhiques.* 1° *Peste d'Orient.* — Les foyers primitifs se forment sous les influences de la misère, de l'encombrement, d'effluves des marais spéciales; ils s'éteignent.

2° *Typhus feber.* — Les foyers primitifs naissent sous la double influence de la famine ou de la misère physiologique poussée jusqu'à l'exténuation, et de l'encombrement; ils s'éteignent.

3° *Fièvre jaune.* — Les foyers primitifs se forment par suite de l'encombrement, de la misère et d'influences palustres locales; ils s'éteignent.

4° *Fièvre typhoïde.* — Maladie à miasme spécifique diffus et permanent dans nos grandes villes des pays tempérés. Nous n'osons affirmer que de nouveaux foyers se forment spontanément de nos jours, et encore moins dire sous quelles influences ils se produisent. Si de nouveaux foyers ne se forment pas, la fièvre typhoïde se rapprocherait de la variole, de la scarlatine et de la rougeole, par ce caractère étiologique.

5° *Typhus contagieux des animaux.* — Naît chez une race spéciale de bœufs, sous l'influence de l'encombrement, de privations, d'effluves palustres; se transmet, par miasme spécifique et par inoculation, à d'autres races et à d'autres animaux.

6° *Choléra.* — Les foyers primitifs se forment par suite de l'encombrement, de la misère et d'influences palustres locales; ils s'éteignent. Les matières fécales des cholériques paraissent contenir ou engendrer, comme pour la dyssenterie contagieuse, le ferment spécifique.

Nous terminons ici cette énumération, que la difficulté et l'étendue du sujet nous ont forcé à laisser incomplète.

Certes, il n'est pas en médecine de questions plus belles; elles nous intéressent tous par le nombre de victimes que ces graves affections moissonnent; elles intéressent surtout le médecin qui doit diriger la santé de grandes réunions d'hommes.

La distinction des maladies dont les foyers primitifs s'éteignent (peste d'Orient, *typhus feber,* typhus des animaux, fièvre jaune, choléra, dyssenterie) des maladies à foyers diffus et permanents (variole, rougeole, scarlatine, fièvre typhoïde) est capitale en hygiène publique.

La réunion dans un même groupe des affections dont une première atteinte préserve relativement d'une seconde sera féconde en résultats pratiques. Si toutes ces maladies n'ont pas été transmises par inoculation quand elles sont transmises par l'air, c'est qu'on n'a pas jusqu'ici reconnu et inoculé le liquide spécifique ou virus; avec des recherches suivies et bien dirigées, on doit y arriver.

Si l'on veut bien réfléchir que jusqu'ici ces maladies, transmises par inoculation, sont infiniment moins redoutables que lorsque le ferment arrive par l'intermédiaire de l'air, on aperçoit une voie féconde ouverte à la prophylaxie. Les inoculations, suivies de si beaux résultats dans les cas de péripneumonie contagieuse du gros bétail, du typhus des animaux, sont bien faites pour frapper l'attention. L'étude comparative des ferments, des venins, des effluves, des virus et des miasmes spécifiques conduira la prophylaxie dans une voie plus assurée.

On n'aura plus recours, pour combattre les miasmes spécifiques, à des antiseptiques qui n'exercent aucune action sur les ferments de cet ordre.

Pour les maladies déterminées directement ou indirectement par des ferments organisés et vivants, on saura quelles sont les substances les plus convenables pour détruire leur vitalité sans exercer d'action nuisible sur l'homme[1].

[1] Nous allons nous contenter de choisir pour cette citation finale les plus importants parmi les innombrables ouvrages, mémoires et documents qui ont paru depuis vingt ans sur les différentes épidémies:

Prus, *Rapport à l'Académie de médecine sur la peste et les quarantaines*, accompagné de pièces et documents, et suivi de la *Discussion dans le sein de l'Académie*, Paris, 1846, in-8°. — *Instructions pour les médecins sanitaires envoyés en Orient.* (*Bullet. de l'Acad. de méd.* t. XIII, p. 223; 1847.) — *Convention sanitaire conclue entre la France, la Sardaigne, l'Autriche, l'Angleterre*, etc. promulguée le 27 mai 1853. — Anglada, *Traité de la contagion*, Paris, 1853, 2 vol. in-8°. (*Mémoires de l'Académie de médecine.*) Chaque volume contient un *Rapport annuel sur les épidémies qui ont régné en France.* — Briquet, *Rapport à l'Acad. de médecine sur le choléra 1866-1867*; travail considérable, encore inédit. — Bouchardat, *Des poisons, des venins, des effluves, des virus, des miasmes spécifiques dans leurs rapports avec les ferments.* (Paris, *Annuaire de thérapeutique* pour 1856, p. 299.) — *Documents statistiques et administratifs concernant l'épidémie de choléra de 1854, comparée aux précédentes épidémies cholériques qui ont sévi en France*, publiés par ordre de Son Exc. le Ministre de l'agriculture, Paris, in-fol. Impr. imp. 1862. — *Sur la marche du choléra à Paris en 1855 et 1856.* (*Bulletin munici-*

Le décret du 27 mai 1853 portant promulgation de la convention sanitaire internationale comprend les applications les plus pratiques des principes généraux que nous venons de poser; ce décret formera à l'avenir la base du régime sanitaire des nations civilisées. Les études de la nouvelle convention sanitaire qui s'est assemblée à Constantinople pour étudier les conditions d'origine et de propagation du choléra n'ont fait que confirmer ces principes[1].

Il y a vingt-cinq ans, quand les anticontagionistes proposaient l'abandon d'une foule de mesures coercitives gênantes, dispendieuses, nuisibles, on se défiait d'eux; aujourd'hui ce sont les contagionistes éclairés qui réclament l'examen rigoureux des faits et qui ne veulent conserver des mesures sanitaires que ce qui est vraiment utile.

Hygiène des villes[2], des théâtres[3], des prisons, des hôpitaux. — Les grandes questions qui se rapportent à l'hygiène des hôpitaux ont été, depuis dix ans surtout, agitées dans les assemblées des corps savants et dans plusieurs publications spéciales. Les conditions dans lesquelles l'encombrement nosocomial est nuisible ont été précisées avec soin.

Il est aujourd'hui bien démontré qu'il y a un grand inconvénient à émettre des propositions générales qui ne peuvent être rigoureu-

pal, 1856.) — Mélier, *Relation de la fièvre jaune survenue à Saint-Nazaire en 1861.* (*Mémoires de l'Acad. de médecine* pour 1863.)

[1] *Rapport à la Conférence sanitaire internationale sur les mesures à prendre en Orient pour prévenir les nouvelles invasions de choléra en Europe,* par une commission dont M. A. Fauvel était rapporteur. (*Gaz. méd. d'Orient,* mars 1867, Constantinople.) — *Décret impérial du 23 juin 1866* sanctionnant les mesures proposées dans ce rapport. (*Annales d'hyg.* octobre 1866.)

[2] *Rapports généraux de la commission des logements insalubres de la Seine,* par MM. Trébuchet et Robinet. — Houzé et Berthelé, *Logements d'ouvriers.* (*Ann. de la Société de Lille,* 1863. — *Thèses de Strasbourg.*)

[3] *Hygiène des théâtres,* par A. Tripier. (*Ann. d'hygiène publique,* juillet 1864.)

sement prouvées, mais qu'il est indispensable d'aborder les questions dans tous leurs détails, en invoquant, non le raisonnement, qui peut conduire aux solutions les plus erronées, mais l'observation rigoureuse des faits, qui ne trompe pas, et la statistique, s'appuyant sur un grand nombre de faits conformes. C'est en suivant cette méthode qu'on a prouvé que si, pour beaucoup de maladies, les pneumonies, les rhumatismes articulaires aigus, etc. l'encombrement nosocomial n'a que très-peu d'inconvénients, il faut être plus circonspect lorsqu'il s'agit de maladies miasmatiques, et que, pour les enfants, les nouvelles accouchées, les opérés, cet encombrement présente des dangers sérieux. Les remèdes de l'encombrement nosocomial, les *désinfectants*, la *ventilation*, ont été l'objet de nombreux travaux, mais il est aujourd'hui rigoureusement établi que le plus efficace de tous est la *dispersion*[1].

[1] Parmi les documents très-nombreux publiés sur les hôpitaux, nous allons mentionner les plus importants et ceux qui nous sont le plus familiers :

Compte moral de l'administration de l'assistance publique de Paris. (Chaque année, il est publié un vol. in-4° avec de nombreux tableaux.) — *Étude sur les hôpitaux,* par Armand Husson, in-4° de 606 pages avec figures, Paris, 1862. — Legoyt, *Statistique des établissements d'aliénés,* Strasbourg, 1864, 2 vol. in-4°. — Bouchardat, *Organisation des secours pour soigner les malades pauvres à domicile.* (*Répert. de pharm.* t. IV, p. 315.) — *Notice sur les hôpitaux de Paris,* formul. magistral, p. 18. — *Encombrement nosocomial, ses maux et ses remèdes;* trois leçons à la faculté de Paris. — Morin, *Chauffage et ventilation des hôpitaux;* au nom du comité consultatif d'hygiène. (*Bulletin du ministère de l'intérieur,* 1865.) — Malgaigne, *Mortalité des femmes en couches dans les hôpitaux;* au nom du comité consultatif d'hygiène. (*Bulletin du ministère de l'intérieur,* 1864.) — J. Lefort, *Maternités,* Paris, in-4°, 1865. — J. S. Empis, *De la statistique du service d'accouchements à l'hôpital de la Pitié,* Paris, 1867, in-8°. — G. Lauth, *Études sur les Maternités.* (*Annales d'hyg.* 1866.) — Tarnier, *Hygiène des hôpit. de femmes en couches,* Paris, 1864, in-8°. — Hervieux, *Épidémies puerpérales.* (*Gaz. méd.* 1865.) — U. Trélat, *Maladies puerpérales dans les Maternités.* (*Annales d'hyg.* 1867.) — Blondel et Ser, *Hospices de Londres,* in-4°, 1862. —Vernois, *Hôpital de Copenhague.* (*Annal. d'hyg.* 1866.) — Sarrazin, *Sur les hôpitaux de Londres.* (*Ann. d'hyg.* janvier 1866.) — Gachet, *L'hôpital et la famille dans les villes secondaires,* in-8°, Issoudun. — Tardieu, *Rapport au conseil municipal sur le nouvel Hôtel-Dieu.* (*Ann. d'hyg.* juillet 1865.) — Parin, *Divers modes d'assistance appliqués*

Acclimatement. — Les questions si complexes qui ont trait à l'acclimatement et à la colonisation des contrées lointaines ou malsaines ont été abordées dans une foule de publications et souvent résolues avec bonheur[1].

Établissements classés. — L'hygiène publique a dû se préoccuper des établissements industriels au point de vue de leur nocuité. Cette prévoyance est d'autant plus légitime que l'esprit d'innovation, s'appuyant sur les progrès incessants des sciences appliquées, se dirige surtout vers la production d'objets nouveaux ou économiques et d'une vente facile, en négligeant souvent les influences nuisibles exercées sur les ouvriers ou sur le voisinage par les procédés primitivement mis en usage ou continuellement modifiés.

Les bases de la réglementation ont d'abord été fixées par un décret du 15 octobre 1810, puis par une ordonnance royale du 14 janvier 1815, modifiée par le décret de décentralisation du 25 mars 1852.

Cette réglementation a pour but de sauvegarder les intérêts du voisinage sans exposer les industriels à ce qu'il y aurait de trop incertain, de trop timoré, sans motif sérieux dans l'action de l'administration locale.

aux aliénés. (*Ann. d'hyg.* 1865.) — Antony Rouillet, *Rapport sur les hôpitaux de Gênes, de Turin et de Milan*, Paris, 1864, gr. in-8°. — Miss Nightingale, *Des soins à donner aux malades*, Paris, 1862, in-18.

[1] Boudin, *Géographie médicale*, Paris, 1857, 2 vol. — Martin et Foley, *Algérie au point de vue du peuplement*, Paris, 1851, in-8°. — Vital, *Propagation et perpétuité de la race européenne en Algérie.* (*Gazette méd. de Paris*, 1852, p. 679, 701.) — Haspel, *Maladies de l'Algérie*, Paris, 1850-1852, 2 vol. in-8°. — Dutrouleau, *Maladies des Européens dans les pays chauds*, Paris, 1861. — Ostvel, *De l'acclimatement aux Antilles.* (*Ann. d'hyg.* avril 1867.) — Pietra-Santa, *Essai de climatologie*, 1 vol. in-8°, Paris, 1862. — Legoyt, *Émigration européenne, ses principes, ses causes, ses effets*, avec un *Appendice sur l'émigration africaine, hindoue et chinoise*, Paris, 1861, in-8°. — Boudin, *De l'émigration au point de vue de l'hygiène publique.* (*Ann. d'hyg.* juillet 1863.) — *Essai de pathologie ethnique.* (*Ann. d'hygiène*, 1861-1862.) — *Recherches sur l'acclimatement des diverses races humaines sur divers points du globe.* (*Annal. d'hygiène*, avril 1860.)

Des décrets délibérés en Conseil d'État arrêtent la nomenclature des ateliers réputés insalubres, dangereux ou incommodes, qui ne peuvent à ce titre s'établir sans une autorisation administrative, et cette autorisation indique le plus souvent, avec tous les détails convenables, les conditions qui sont jugées nécessaires par les conseils d'hygiène et de salubrité des départements pour prévenir les causes d'insalubrité ou d'incommodité.

Les établissements sont divisés en trois classes. La première se compose de ceux dont les inconvénients sont assez graves pour qu'ils doivent être indispensablement éloignés des habitations. La permission, en ce qui les concerne, ne pouvait d'abord être accordée que par décret rendu en Conseil d'État, mais elle est, depuis 1852, dans les attributions des préfets, qui prononcent sur les demandes, après apposition d'affiches pendant un mois, dans un rayon de cinq kilomètres, enquête *de commodo et incommodo,* avis du conseil d'hygiène et de salubrité du département, et, s'il y a opposition, avis du conseil de préfecture.

Quant aux fabriques rangées dans la deuxième et la troisième classe, elles sont autorisées : les premières, par les préfets, sans l'obligation des affiches, mais après enquête; et les dernières, par les sous-préfets, sans nécessité d'affiches ni d'enquête. A Paris, les autorisations sont données par le préfet de police, après enquête et avis du conseil d'hygiène publique et de salubrité. Les voisins, si dans leur pensée la salubrité de leurs habitations est compromise, peuvent attaquer par voie contentieuse les décisions intervenues, et agir devant les tribunaux ordinaires en dommages-intérêts. Ainsi tous les intérêts se trouvent sauvegardés, ceux des industriels, qui obtiennent les autorisations après l'examen d'hommes compétents et désintéressés, ceux des propriétaires voisins, dont tous les droits sont réservés.

Les tableaux annexés aux décrets du 15 octobre 1810 et à l'ordonnance du 14 janvier 1815 contenaient une nomenclature des établissements répartis dans les trois classes. Depuis lors, des ordonnances royales ou des décrets y ont ajouté beaucoup d'autres industries, et plusieurs tableaux complémentaires ont été successivement publiés. Enfin des décisions ministérielles ou préfectorales, rendues sur l'avis du comité des arts et manufactures, ont opéré pour les industries nouvelles un assez grand nombre de classements provisoires, d'autant plus nécessaires qu'un grand nombre d'industries ont traversé une véritable période de transformation.

En présence des progrès accomplis dans les sciences appliquées à l'industrie, un décret en date du 31 décembre 1866, après un examen approfondi, par le comité supérieur d'hygiène, des conditions hygiéniques de toutes les industries, a consacré une nouvelle classification. Un grand nombre de fabriques ont pu sans danger être descendues de classe ou même être dispensées d'autorisation.

La réunion en un seul tableau de tous les classements en rend la connaissance plus facile aux intéressés.

La nomenclature des établissements insalubres, dangereux ou incommodes annexée au décret du 31 décembre 1866 comprend trois colonnes : la désignation des industries, leurs inconvénients principaux et leur classification. Cette nomenclature est si étendue et les prescriptions hygiéniques nouvelles qui se rapportent à ces établissements sont tellement multipliées, qu'il faudrait un ouvrage considérable pour en exposer le sommaire : aussi n'essayerons-nous pas de le faire ici; nous renverrons aux ouvrages spéciaux publiés depuis peu [1].

L'hygiène, dans notre temps, est une science aussi mobile et aussi progressive que tous les arts utiles qui reçoivent des perfec-

[1] *Rapports* des conseils d'hygiène du département de la Seine, cités précédemment. — Vernois, *Traité pratique d'hygiène industrielle et administrative*, etc. Paris, 1860, 2 vol. in-8°; et surtout *Dictionnaire d'hygiène publique et de salubrité*, etc. par Ambr. Tardieu, 2° édit. Paris, 1862-1863, 4 vol. in-8°. — Ch. de Freycinet, *Rapport sur l'assainissement industriel et municipal dans la Belgique et la Prusse rhénane*, Paris, 1866. — *Assainissement des fabriques en Angleterre.* (*Ann. d'hyg.* 2° série, t. XXII et XXIII, janvier 1865.)

tionnements journaliers. Ce progrès merveilleux de l'industrie crée de nouvelles conditions hygiéniques qui peuvent être bonnes et mauvaises.

Combien de questions hygiéniques nouvelles n'a pas fait naître l'établissement des chemins de fer[1]! La vivacité de l'air, la réverbération des fourneaux, les mouvements spéciaux, ont créé l'hygiène spéciale des chauffeurs et des mécaniciens des voies ferrées.

Pour maintenir les fils du télégraphe électrique on emploie des crochets émaillés; dans la fabrication de l'émail intervient le cristal à base de silicate de plomb; les ouvriers qui l'insufflent sur les pièces sont atteints d'accidents saturnins, surtout lorsqu'ils abusent des alcooliques.

Les brillants verres mousseline n'étaient obtenus qu'en déterminant chez les ouvriers qui les fabriquaient cette même intoxication plombique.

Parmi les arts qui ont été heureusement modifiés par les progrès de la science, nous citerons la dorure sur métaux, qui, grâce aux belles inventions de Ruolz et Elkington, n'expose plus les ouvriers aux accidents mercuriels. Citons encore la substitution du blanc de zinc au blanc de plomb, l'utilisation du gluten des amidonneries, etc.

Parmi les arts nouveaux qui ont fait naître pour les ouvriers des conditions hygiéniques mauvaises, mentionnons la fabrication des allumettes chimiques, qui expose les ouvriers à la carie des mâchoires, et tous à l'empoisonnement, à l'incendie. La découverte du phosphore rouge, l'emploi des allumettes sans phosphore, permettent d'éviter ces dangers. La dissolution du caoutchouc dans le sulfure de carbone produit chez quelques ouvriers une paralysie passagère et l'impuissance.

[1] Duchesne, *Hygiène des chemins de fer*, Paris, in-18. — Devilliers, Bisson, Martinet, *De la santé des ouvriers employés dans les chemins de fer*, Paris, 1862. — Oulmont, *Sur la santé des ouvriers employés dans les chemins de fer*, Paris, 1861.

Tout concourt donc à nous prouver, non-seulement l'utilité des connaissances précises en ce qui se rapporte à l'hygiène, mais encore l'extrême mobilité de ces connaissances. (Voyez pages 29 et suivantes.)

L'HYGIÈNE DU MARIAGE [1] a été l'occasion de plusieurs dissertations contenant des résultats statistiques intéressants, qui tendent à démontrer que l'état de mariage est le plus favorable à la durée de la vie, et que la polygamie est un fléau qui a flétri chaque coin de la terre qu'elle a touché. La durée moyenne des mariages est en France de 26ans,4. C'est le pays d'Europe où elle est la plus élevée. Les conditions d'âge du mariage sont réglées avec la plus grande sagesse par le Code Napoléon.

L'HYGIÈNE DE L'ENFANCE a, dans ces dernières années, à bien des reprises, attiré l'attention d'observateurs distingués. Des études statistiques suivies avec persévérance ont prouvé que la mortalité des enfants envoyés en nourrice était, dans quelques conditions, excessive. Montrer le gouffre où des générations s'engloutissent à leur berceau c'est le meilleur moyen pour l'éviter [2].

L'HYGIÈNE DE LA VIEILLESSE a été éclairée par des études pathologiques du plus haut intérêt, qui nous ont dévoilé les principales

[1] Ed. Reich, *La vie conjugale, son histoire, sa nature, son hygiène*, Cassel, in-8°, 1864. (*Ann. d'hyg.* juillet 1864.)

[2] *Enfants assistés, Enquête générale ouverte en 1860 dans les 86 départements de l'Empire, Rapport de la commission instituée en 1861*, Paris, Imprimerie impér. in-4°, 1862. — Bouchut, *Hygiène de la première enfance*, in-18, 1862. — *Mortalité des enfants nouveau-nés, discussion à l'Académie de médecine*, MM. Monod, Brochard, Husson, Boudet, Devilliers, Lecadre, Piorry, Devergie, Blot, Guérin, etc. (*Bullet. de l'Acad. impér. de méd.* 1866-1867, t. XXXI et XXXII.) — G. Dumesnil, *Industrie des nourrices, mortalité des nourrissons*, Paris, 1867, in-8°. — *Les jeunes détenus à la Roquette et dans les colonies agricoles, hygiène, moralisation, mortalité.* (*Annales d'hygiène*, avril 1866.) — Demarquette, *L'hygiène dans ses rapports avec l'instruction primaire*, Douai, 1863, in-8°. — Lyon, *Hygiène des écoles.* (*Ann. d'hyg.* avril 1865.)

causes de mort naturelle ou accidentelle qui s'observent le plus communément aux dernières limites de la vie[1]

Hygiène des maladies et des imminences morbides. — Cette partie de la science, dont l'importance est chaque jour mieux appréciée, a pour but de régler l'emploi des modificateurs hygiéniques dans le traitement des maladies, de manière à conduire le plus promptement et le plus sûrement possible au rétablissement de la santé. Cette bonne direction a constitué l'incomparable mérite de la thérapeutique des médecins grecs. Leurs médicaments étaient d'une si grande innocuité qu'ils pouvaient passer pour des modificateurs hygiéniques.

La thérapeutique hygiénique ne fait qu'entrer dans sa phase scientifique; il faut bien la distinguer de ce qu'on a nommé *médecine expectante.* La thérapeutique hygiénique manie des armes d'une grande puissance, mais qui réclament des mains expérimentées. On a de notre temps rigoureusement étudié les effets considérables de l'abstinence pour abattre la fièvre, pour modérer les accidents des maladies aiguës; mais on sait aussi par de patientes observations qu'un jour de diète absolue agit plus puissamment vers la fin des maladies aiguës que la plus copieuse des saignées. Cette étude a révélé et fait éviter les dangers de l'abstinence trop prolongée dans les convalescences des maladies aiguës.

L'emploi du froid, de la chaleur, des alternatives de froid et de chaud a donné, dans un grand nombre de maladies, des résultats considérables.

L'alimentation bien réglée, l'exercice forcé, font plus pour la guérison de la glycosurie, de la goutte, etc. que tout l'arsenal des médicaments.

La thérapeutique hygiénique, fondée sur l'observation, guidée par les méthodes nouvelles dont la science dispose, vient puissam-

[1] Durand-Fardel, *Maladies des vieillards,* Paris, 1854, in-8°. — Charcot, *Maladies des vieillards, leçons à la Salpêtrière en 1866,* Paris, 1866, in-8°.

ment en aide à la thérapeutique pharmaceutique; elle ne fait jamais de mal, et du bien toujours; mais elle exige, pour être convenablement dirigée, des connaissances approfondies, et quelquefois du temps pour en reconnaître la puissance; elle est encore peu avancée, peu goûtée du vulgaire des médecins et du public, qui aime mieux une action immédiate et une médication facile à retenir : à telle maladie, tel remède[1].

DES PROGRÈS DE L'HYGIÈNE MIS EN ÉVIDENCE PAR LES PROGRÈS DE LA PRODUCTION ET LE MOUVEMENT DE LA POPULATION.

Un des éléments les plus précieux pour juger les progrès de l'hygiène d'une nation, c'est d'apprécier l'accroissement de la production et de suivre comparativement le mouvement de la population. Rien de mieux pour atteindre ce but rapidement que de montrer la comparaison de la production et du prix de la principale denrée alimentaire, le blé, avec le mouvement de la population : c'est ce que nous avons fait dans le tableau qui suit.

[1] Ribes, *Traité d'hygiène thérapeutique, ou applications des moyens de l'hygiène au traitement des maladies*, Paris, 1860, 1 vol. in-8°. — Fonssagrives, *Hygiène alimentaire des malades, des convalescents et des valétudinaires*, Paris, 1 vol. in-8°, 1860. — Fonssagrives, *Thérapeutique de la phthisie pulmonaire*, Paris, in-8°, 1866. — Bouchardat, *De l'alimentation dans la glycosurie. (Mém. de l'Acad. de médec.* 1852.) — *De l'exercice forcé dans la glycosurie*, vol. in-32, 1864. — *Traitement hygiénique des gravelles et de la goutte. (Ann. de thérap.* 1867.) — *Douze leçons sur l'hygiène thérapeutique, professées en 1865 à la faculté de médecine.*

DU BLÉ, DE SA PRODUCTION ET DE SON PRIX MOYEN ANNUEL DANS SES RAPPORTS AVEC LE MOUVEMENT DE LA POPULATION POUR TOUTE LA FRANCE DANS LE XIXe SIÈCLE.

ANNÉES.	NOMBRE D'HECTARES ensemencés en froment.	NOMBRE D'HECTOLITRES de blé récoltés.	PRODUIT MOYEN par hectare.	IMPORTATION du FROMENT, épeautre, méteil, farines, évalués en hectolitres de grains.	PRIX MOYEN annuel du froment pour toute la France.	TOTAL des DÉCÈS.	TOTAL des NAISSANCES.	AUGMENTATION de la POPULATION.	MARIAGES.
	hectares.	hectol.	hectol.	hectol.	fr. c.				
1820	4,683,788	44,347,720	9.46		19 13	770,706	958,933	188,227	208,893
1821	4,753,079	58,219,268	12.25	609,479	17 79	751,214	963,358	212,144	221,868
1822	4,797,810	50,856,707	10.60	976	15 59	774,162	972,796	198,634	247,495
1823	4,854,816	58,676,862	12.08	1,240	17 52	742,735	964,021	221,286	262,020
1824	4,884,232	61,788,972	12.65	1,257	16 22	763,606	984,152	220,546	231,680
1825	4,854,169	61,035,177	12.57	950,663	15 74	798,012	973,986	175,974	243,674
1826	4,895,088	59,631,917	12.18	90,004	15 85	835,658	993,191	157,533	247,194
1827	4,902,981	56,785,944	11.58	66,426	18 21	791,125	980,196	189,071	255,738
1828	4,948,130	58,823,512	11.80	1,172,188	22 03	837,145	976,547	139,402	246,839
1829	5,024,488	64,285,521	12.79	1,728,944	22 59	803,453	964,527	161,074	248,796
1830	5,011,704	52,782,008	10.53	2,063,203	22 39	809,830	967,824	157,994	270,900
1831	5,111,155	56,429,694	11.04	1,142,726	22 10	802,761	986,709	183,948	246,438
1832	5,159,759	80,089,016	15.52	4,475,738	21 85	933,733	938,186	4,453 [1]	242,041
1833	5,242,779	66,073,141	12.60	501,374	16 62	812,548	969,983	157,435	264,061
1834	5,302,748	61,981,226	11.68	458	15 25	917,828	986,490	68,662	271,222
1835	5,338,043	71,697,484	13.43	463	15 25	816,413	993,833	177,420	275,008
1836	5,284,807	63,583,725	12.03	220,507	17 32	771,700	979,820	208,120	274,145
1837	5,407,868	67,915,534	12.56	285,140	18 53	878,701	943,349	64,648	266,554
1838	5,460,749	67,743,571	12.41	100,758	19 51	846,199	961,476	115,277	273,174
1839	5,384,288	64,079,532	11.90	1,179,343	22 14	780,600	957,740	177,140	266,890
1840	5,531,782	80,880,411	14.62	2,247,186	21 84	816,486	952,318	135,832	281,998
1841	5,562,668	71,463,681	12.67	156,370	18 54	804,762	976,929	172,167	283,902
1842	5,576,110	71,314,220	12.79	562,904	19 55	836,152	982,896	146,744	280,412
1843	5,664,105	73,650,509	13.00	2,025,235	20 46	811,435	983,107	171,672	285,399
1844	5,679,337	82,454,845	14.52	2,475,723	19 75	776,526	967,324	190,798	279,667
1845	5,743,135	71,963,280	12.53	749,075	19 75	754,701	992,033	237,332	284,286
1846	5,936,908	60,696,968	10.23	4,919,489	24 05	831,498	983,473	151,975	270,633
1847	5,979,311	97,611,140	16.32	9,157,943	29 01	856,026	918,581	62,555	249,797
1848	5,973,377	87,994,435	14.73	1,250,837	16 65	844,158	948,748	104,590	292,977
1849	5,966,153	90,761,712	15.21	4,520	15 37	982,008	995,466	13,458 [1]	278,644
1850	5,951,384	87,986,788	14.78	857	14 32	775,653	962,972	187,319	297,657
1851	5,999,376	85,986,232	14.33	102,549	14 48	817,449	979,907	162,458	286,984
1852	6,090,049	86,065,386	14.13	267,991	17 23	810,695	965,080	154,385	281,360
1853	6,210,605	63,709,638	10.26	4,811,532	22 39	795,596	936,967	141,371 [1]	280,609
1854	6,408,238	97,194,271	15.17	5,635,613	28 82	992,779	923,461	69,318 [2]	270,906
1855	6,419,330	72,936,726	11.36	3,704,718	29 32	936,833	899,559	37,274 [2]	283,846
1856	6,468,236	85,308,953	13.19	8,854,256	30 75	837,082	952,116	115,036	284,401
1857	6,593,530	110,426,462	16.75	3,895,397	24 37	858,785	940,709	81,924	295,510
1858	6,639,000	100,989,000	16.56	1,913,866	16 75	874,023	967,894	93,871	307,056
1859	6,709,000	87,595,000	13.01	1,400,849	16 74	979,333	1,017,896	38,563	298 417
1860	6,711,000	101,573,000	15.13	728,858	20 24	781,635	956,875	175,240	288,936
1861	6,750,000	75,116,000	11.12	12,907,558	24 55	866,597	1,005,078	138,481	305,203
1862	6,881,000	99,192,000	14.43	5,931,610	23 24	812,978	995,167	182,189	303,514
1863	6,915,000	110,781,000	16.88	2,328,867	19 78	846,917	1,012,794	165,877	301,376
1864	6,889,000	111,874,000	16.48	766,111	17 58	860,330	1,005,880	145,550	299,579

[1] Années pendant lesquelles le choléra exerça ses ravages ; il faut y joindre 1854.

[2] Ces nombres représentent la diminution de la population en 1854 et 1855.

On voit dans le tableau qui précède que, malgré le développement si énergique des travaux publics qui ont employé tant de bras valides, la production du blé a suivi depuis vingt ans une marche ascendante, et que, chaque année, on s'approche du but indiqué par l'hygiène, s'appuyant sur des bases scientifiques : *le pain à bon marché avec des salaires suffisants.*

Reconnaissons, avec tous les auteurs qui de nos jours ont agité ces graves questions, que, depuis cinquante et surtout depuis vingt ans, les chances des famines ont considérablement diminué, et que plus nous avançons, moins nous aurons à les redouter. Ces bienfaits nous les devons à la liberté commerciale qui tend à tout régulariser et à la *fixité* d'un droit très-minime qui permet aux puissants spéculateurs de s'engager sans crainte de ruine dans de vastes opérations, qui ont pour résultat d'abaisser le prix du pain dans les localités où les récoltes ont faibli; nous les devons aussi à la rapidité des communications sur mer et sur les voies ferrées. Avec notre navigation commerciale à vapeur, qui depuis quelques années s'est élevée, grâce à l'initiative d'hommes de génie, à un si haut degré de puissance, on peut acheter des subsistances dans les contrées les plus lointaines suivant qu'elles ont été favorisées. Voilà des bases excellentes pour écarter les désastres des famines et des disettes et améliorer l'hygiène publique dans ce qu'elle a de plus essentiel.

Rien ne prouve mieux la constance des progrès de l'hygiène depuis vingt ans que l'examen attentif du mouvement de la population; nous allons le faire, en empruntant quelques tableaux aux documents officiels.

La longueur de la vie moyenne à la naissance, calculée d'après les décès par âge de la France entière, ou plus exactement l'âge moyen des décédés de tous les âges, a suivi, depuis le commencement du siècle jusqu'en 1864, la marche ci-après :

PÉRIODES ET ANNÉES.	SEXE MASCULIN.		SEXE FÉMININ.		LES DEUX SEXES.	
	ans.	mois.	ans.	mois.	ans.	mois.
1806-1810....	30	6	32	7	31	6
1810-1815....	30	7	33	3	31	10
1815-1820....	30	8	33	0	31	10
1820-1825....	30	2	32	8	31	5
1825-1830....	31	5	33	11	32	8
1830-1835....	32	1	35	0	33	6
1835-1840....	33	5	36	4	34	11
1840-1845....	33	5	36	7	35	0
1845-1850....	34	4	37	7	36	0
1850-1855....	35	0	38	4	36	8
1855-1860....	33	8	32	2	35	5
1860.........	36	0	38	8	37	4
1861.........	33	0	36	4	34	10
1862.........	35	2	38	2	36	8
1863.........	34	11	37	11	36	6
1864.........	36	4	39	1	37	6

Il résulte de ce tableau que la durée de la vie moyenne, calculée par cette méthode, s'est accrue, en un demi-siècle, de près de six ans [1]. Ce progrès n'est pas d'ailleurs parfaitement régulier; c'est de 1825 à 1830, de 1835 à 1840 et de 1840 à 1850, enfin en 1860 et 1864, qu'il s'est fait particulièrement sentir.

[1] Bertillon, *Durée de la vie humaine.* (*Ann. d'hyg.* janvier 1866.) — Legoyt, *De la prétendue dégénérescence physique de la population française comparée aux autres populations européennes.* — Boudin, *Mouvement de la population en France et dans les colonies.* (*Annales d'hygiène,* janvier 1864.)

DURÉE DE LA VIE MOYENNE POUR LES DEUX SEXES.

ÂGES.	PÉRIODE 1855-1859.		PÉRIODE 1861-1864.		ACCROISSEMENT en faveur de la période actuelle.	
	ans.	mois.	ans.	mois.	ans.	mois.
0	35	5	36	5	1	0
1	43	0	44	11	1	11
5	46	4	48	5	2	1
10	44	0	45	8	1	8
15	40	7	42	0	1	5
20	37	5	38	8	1	3
25	35	3	35	11	0	8
30	32	4	32	9	0	5
35	29	2	29	6	0	4
40	25	10	26	1	0	3
45	22	7	22	9	0	2
50	19	3	19	5	0	2
55	16	1	16	2	0	1
60	13	2	13	0	0	2
65	10	7	10	5	0	2
70	8	1	8	2	0	1
75	6	3	6	3	0	0
80	4	10	4	9	0	1
85	4	0	3	11	0	1
90	3	7	3	6	0	1
95	2	10	2	10	0	0
100	0	6	0	6	0	0

On voit que l'amélioration est très-sensible dans la période 1861-1864, par rapport à la période quinquennale précédente.

La progression de l'âge moyen des décédés suit les mêmes phases que l'expression de la vie moyenne déduite du rapport de la population aux naissances, et l'on peut voir de plus que les deux termes ne diffèrent que très-peu. C'est là un fait curieux et qui ne se produit très-probablement que dans notre pays.

PÉRIODES ET ANNÉES.	VIE MOYENNE. P/N.		ÂGE MOYEN des décédés.	
	ans.	mois.	ans.	mois.
1815-1825	32	2	31	8
1815-1854	34	3	33	3
1847-1855	37	4	36	4
1855-1860	37	8	35	5
1860	38	2	37	4
1861	37	2	34	10
1862	37	7	36	8
1863	37	4	36	4
1864	37	7	37	6

De 1840 à 1860, le progrès survenu dans la durée de la vie est, suivant le premier rapport, de six ans; et, suivant le second, de cinq ans et huit mois. Il y a eu un temps d'arrêt et même une diminution en 1861, 1862 et 1863; toutefois, dans cette dernière année, la durée de la vie n'en est pas moins supérieure à ce qu'elle était en 1820, dans la proportion de cinq ans deux mois ou de quatre ans huit mois, suivant qu'on mesure l'accroissement par la méthode directe ou les tables de décès. Il reste donc acquis que la population française est douée aujourd'hui d'une plus forte vitalité qu'au commencement du siècle.

La validité de la population s'est notablement accrue, parallèlement avec l'allongement de la vie moyenne et l'excédant des naissances sur les décès. Le niveau de l'état sanitaire de la France n'a jamais été aussi élevé qu'il l'est aujourd'hui.

La grande cause de ce résultat heureux c'est l'activité donnée aux travaux publics en prenant le budget pour point d'appui. Le travail national plus énergique a chassé la misère, amené l'aisance. Ajoutons que les progrès incessants de l'hygiène privée et publique ont contribué à conduire la population dans cette voie progressivement prospère. Ceci est un grand encouragement pour redoubler d'efforts afin de développer l'instruction, perfectionner l'hygiène et animer le travail.

FIN.

TABLE DES MATIÈRES.

www.ingramcontent.com/pod-product-compliance
Ingram Content Group UK Ltd.
Pitfield, Milton Keynes, MK11 3LW, UK
UKHW022112190726
13855UKWH00002B/811

RAPPORT

SUR

L'AGRICULTURE DES ÉTATS-UNIS.

EXTRAIT DU BULLETIN CONSULAIRE FRANÇAIS.

(Année 1881.)